EL MONSTRUO DEL LAGO NESS

Descubre los Hechos más Impactantes Detrás de uno de los Misterios más Grandes de la Historia

NAZARIO BLAS

© Copyright 2022 – Nazario Blas - Todos los derechos reservados.

Este documento está orientado a proporcionar información exacta y confiable con respecto al tema tratado. La publicación se vende con la idea de que el editor no tiene la obligación de prestar servicios oficialmente autorizados o de otro modo calificados. Si es necesario un consejo legal o profesional, se debe consultar con un individuo practicado en la profesión.

- Tomado de una Declaración de Principios que fue aceptada y aprobada por unanimidad por un Comité del Colegio de Abogados de Estados Unidos y un Comité de Editores y Asociaciones.

De ninguna manera es legal reproducir, duplicar o transmitir cualquier parte de este documento en forma electrónica o impresa.

La grabación de esta publicación está estrictamente prohibida y no se permite el almacenamiento de este documento a menos que cuente con el permiso por escrito del editor. Todos los derechos reservados.

La información provista en este documento es considerada veraz y coherente, en el sentido de que cualquier responsabilidad, en términos de falta de atención o de otro tipo, por el uso o abuso de cualquier política, proceso o dirección contenida en el mismo, es responsabilidad absoluta y exclusiva del lector receptor. Bajo ninguna circunstancia se responsabilizará legalmente al editor por cualquier reparación, daño o pérdida monetaria como consecuencia de la información contenida en este documento, ya sea directa o indirectamente.

Los autores respectivos poseen todos los derechos de autor que no pertenecen al editor.

La información contenida en este documento se ofrece únicamente con fines informativos, y es universal como tal. La presentación de la información se realiza sin contrato y sin ningún tipo de garantía endosada.

El uso de marcas comerciales en este documento carece de consentimiento, y la publicación de la marca comercial no tiene ni el permiso ni el respaldo del propietario de la misma.

Todas las marcas comerciales dentro de este libro se usan solo para fines de aclaración y pertenecen a sus propietarios, quienes no están relacionados con este documento.

Índice

Introducción	vii
1. El área	1
2. Primeros avistamientos	19
3. Avistamientos no comprobados	31
4. El proyecto Urquhart	51
5. Historias curiosas y más avistamientos	79
6. El gran engaño	119
7. Los viajes en submarino	131
8. Las posibilidades	149
Conclusión	157

Introducción

El misterio de lo que se encuentra en el lago Ness ha sido por años el motivante para una gran serie de investigaciones, reportajes periodísticos, visitas de campo e incluso para una gran actividad familiar de fin de semana.

Las pruebas han provenido de diversas fuentes: desde investigaciones fuertemente financiadas hasta de personas comunes, haciendo su trabajo o yendo de visita. Y sí, algunas han sido sumamente cuestionadas e incluso desmentidas, mientras que otras han dejado un trazo de duda que perdura hasta el día de hoy.

Introducción

Sin duda el misterio del monstruo del lago Ness ha alimentado por años la curiosidad humana, pero, ¿qué se sabe al respecto?

¿Qué podría ser verdad y qué podría ser mentira?

¿Hay señalamientos científicamente fundamentados que podrían explicar la realidad sobre lo que existe en el lago?

En este libro resolveremos estas preguntas y muchas más, comenzando por entender al lago y sus curiosidades físicas y biológicas, para después evaluar algunos de los avistamientos más importantes en su historia y entender sobre las investigaciones de tono formal que se han realizado en el lago.

Creyentes o escépticos, cada quien tiene su propia versión sobre lo que podría existir en el lago, pero en este libro intentaremos develar qué es lo que ha sido desmentido y qué podría ser lo que ronda en las profundidades de este famoso lugar.

Tal vez, después de esto, termines siendo un/a firme creyente de la existencia del "monstruo" del lago Ness, o tal vez, te convenzas de que todas las historias son en realidad una confusión proveniente de la emoción de lo desconocido. En donde sea que te encuentres, este tema es grandioso para, no solo generar tema de conversación, sino para cuestionar lo que creemos que sabemos y entendemos del mundo.

Vamos allá pues, que existe mucho por saber sobre el lago Ness, las investigaciones y los avistamientos son interminables y el debate sobre la realidad apenas está por comenzar.

1

El área

El Lago Ness es un lugar mucho más extraño de lo que inicialmente podrías pensar. Antes de adentrarnos en el fenómeno del lago Ness propiamente dicho, es mejor darte un curso intensivo sobre la historia y la geología de este famoso lago.

El Lago Ness es uno de los tres lagos que se encuentran en Great Glen, un área que divide el norte de Escocia a lo largo de una falla prominente que se extiende desde Fort William hasta Inverness. Esta línea de falla se extiende por más de 60 millas a lo largo de las Tierras Altas de Escocia.

. . .

Durante el movimiento de la corteza terrestre, mientras se formaba esta grieta en la falla, se separaron partes de la tierra de la que el lago Ness era parte, dividiéndola en media milla de ancho. Sin embargo, antes de eso, hace aproximadamente 6000,000,000 de años, ¡se decía que el lago Ness estaba en realidad en el hemisferio sur!

El lago Ness tiene poco menos de 24 millas de largo y una milla de ancho. En cuanto a la profundidad, se cree que tiene poco menos de 800 pies de profundidad (¡más profundo en parte que el Mar del Norte!), aunque la mayoría de los informes de la profundidad del lago Ness le dan una profundidad media promedio de alrededor de 600 pies. Debido a esta gran profundidad, el lago Ness nunca se congela.

Hay ocho ríos principales y cuarenta arroyos que desembocan en el lago Ness desde las colinas circundantes y el lago en sí se encuentra a unos 52 pies sobre el nivel del mar.

El contenido del agua está fuertemente manchado por partículas de turba que alimentan el lago desde las colinas circundantes, lo que a su vez hace que la visibilidad del lago Ness sea difícil de penetrar para aquellos que desean usar trajes de neopreno en su búsqueda de estas escurridizas "bestias".

Se dice que el lago Ness contiene algo en la región de alrededor de dos millas cúbicas de agua dulce y los científicos han estimado que tiene al menos 10,000 años y alrededor de ese tiempo esta línea de falla principal (la falla de Great Glen) fue ocupada por un enorme glaciar que llenó el valle cuando el hielo se fue y dejó una enorme cicatriz en la cañada que fue llenada por tres lagos, lago Lagoy, lago Oich y lago Ness.

Los lados del lago son en su mayor parte muy empinados y, de hecho, se ha observado que sobre el pequeño pueblo de Foyers hay alrededor de 500 pies de agua, ¡que está a solo unos 60 pies de la orilla!
    Las encuestas han demostrado que el suelo del lago Ness es sorprendentemente plano y suave.

Otro hecho que podría ser de interés para la mayoría de la gente es el hecho de que el lago Ness todavía es sísmicamente activo. En promedio, se producen alrededor de 3 terremotos por siglo en escala Richter 4. Esto, por supuesto, parecería mostrar que la falla todavía se está moviendo.

Las últimas fechas notables para los terremotos en el área del lago Ness fueron durante los años 1816, 1888, 1890 y 1901.

Sin embargo, uno de los terremotos más grandes que azotó el lago Ness ni siquiera comenzó en Escocia. Ocurrió a miles de kilómetros de distancia en Lisboa, España.

El evento fue tan violento y de tan largo alcance que enormes olas rompieron hacia el suroeste a lo largo del lago y casi arrasaron con la cervecería de Fort Augustus.

Ocurrió el sábado 1 de noviembre de 1755 a las 09:40 hora local. Fue una de las peores catástrofes del mundo de la época y, con los incendios y tsunamis que siguieron al terremoto, destruyó casi por completo Lisboa y sus alrededores.

El número de muertos estimado del terremoto de Lisboa se dio entre 10.000 y 100.000 personas, lo que lo convirtió en uno de los peores terremotos en la historia de la humanidad.

La devastación que causó este terremoto fue asombrosa y este libro no es el lugar para resaltarlo todo aquí, basta con decir que si buscas en Google el Gran Terremoto de Lisboa aprenderás mucho más al respecto.

Como se dijo, este terremoto se sintió en varios continentes de la Tierra y Escocia también se vio afectada por la réplica. Los residentes alrededor del lago Ness cuentan que el volumen de agua del lago se elevó hacia adelante y hacia atrás, debe haber sido algo digno de ver.

El lago Ness, por supuesto, está rodeado por tierra, pero algunas personas creen que hay túneles subterráneos ocultos que lo conectan con el mar. Es cierto que el lago está conectado con el mar por el Canal de Caledonia y el río Ness. Se debe tener en cuenta que está a 16 metros (51 pies) "sobre" el nivel del mar, por lo que es muy poco probable que pueda haber túneles que lo conecten con el mar.

En cuanto a las temperaturas, el lago Ness se encuentra a una temperatura constante de 42°F o 5°C. Al principio, algunos científicos creían que el agua de mar debía haber entrado en el lago después de la última edad de hielo y eso "podría" explicar cómo entraron las "criaturas". Sin embargo, los estudios realizados durante los últimos 20 años han demostrado que no hay diatomeas marinas en el lago, es decir, sedimentos que indicarían que nunca hubo una incursión de agua salada después de la edad de hielo.

Esto también tendería a sugerir que los Monstruos del Lago Ness no podrían ser invertebrados o anfibios porque ninguno de estos podría hacer la transición repentina de agua salada a agua dulce. Igualmente, si los Monstruos del Lago Ness fueran mamíferos, el misterio seguramente se habría resuelto ahora. Esto se basa en el hecho de que miles de visitantes acuden en masa al lago Ness cada año y debido a que los mamíferos respiran aire y deben salir a la superficie regularmente, entonces es lógico que estas criaturas (siendo mamíferos) se hayan visto con más frecuencia.

Continuando con nuestros datos sobre el lago, no fue hasta abril de 1901 que Sir John Murray (un oceanógrafo) llevó a cabo el primer estudio batimétrico del lago Ness. Su estudio dictó que el lago tenía el mayor volumen de agua que cualquier otro lago en Gran Bretaña con 263,162 millones de pies cúbicos. Desde entonces, se han realizado muchos estudios sobre el lago Ness, lo que nos permite comprender mejor el lago.

La investigación fue financiada por el amigo de toda la vida de Sir John, Laurence Pullar, quien lamentablemente perdió a su hijo en un accidente por ahogamiento en los primeros años de la misma. La notable hazaña de Sir John Murray de 1897 a 1909 cubrió la mayoría de los lagos escoceses (562 de ellos para ser precisos), incluido, por supuesto, el lago Ness.

. . .

El estudio también incluyó algunos de los primeros trabajos sobre la biología, la física y las características de los sedimentos del lago.

No hay ninguna referencia a criaturas inusuales en el lago, pero una observación de posible importancia para los avistamientos de monstruos en su informe fue una descripción de un espejismo en el lago Ness.

La *Hydro Electric Company* con sede cerca de Foyers en las orillas del lago Ness tiene la capacidad de subir y bajar la superficie del lago Ness muchos pies. Este control se utiliza para tratar de evitar inundaciones en la época de lluvias.

En cuanto a dónde está la parte más profunda del lago Ness, la investigación ha demostrado que el punto más profundo tiene unos 754 pies y está ubicado justo al suroeste del castillo de Urquhart en el lado oeste del lago.

. . .

Es increíble la cantidad de hechos que uno descubre cuando investiga un lugar de esta naturaleza. Por ejemplo, se encontraron lluvias radiactivas en las capas de sedimentos del lago Ness, que fueron causadas por el desastre de Chernobyl (abril de 1986) y fueron transportadas a Escocia por los vientos dominantes y depositadas en el lago.

Como ya se ha dicho, el lago no tiene salida al mar y está rodeado de colinas que tienen aproximadamente alrededor de 750 pies de altura en promedio, la más grande de las cuales es una colina llamada Meallfourvonie que alcanza los 2,300 pies.

En lo que respecta a otros lagos escoceses, podemos afirmar que el lago Lomond tiene la mayor superficie de cualquier lago escocés con 27,45 millas, 623 pies de profundidad, 92, 805 millones de pies cúbicos de agua y 24,23 millas de longitud. El lago Awe es el lago más largo de Escocia con 25,47 millas de largo y tiene 43,451 millones de pies cúbicos de agua.

. . .

En cuanto al lago más profundo de Escocia, ese título va para el lago Morar, que tiene 1,017 pies y es más profundo que la altura del Edificio Shard de Londres. Este es el lago de "agua dulce" más profundo de Escocia y es el quinto lago más grande de Escocia y almacena 81,482 millones de pies cúbicos de agua. La sociedad *Strange Phenomena Investigations* visitó este lago a principios de la década de 1990 para realizar una investigación allí.

Como se indicó anteriormente, el lago Ness contiene el mayor volumen de agua de todos los lagos de Escocia y, además, ¡contiene más agua que todos los lagos y ríos de Inglaterra y Gales juntos! Y si eso no es un hecho lo suficientemente asombroso para ti, ¿qué pasa con este? Se ha dicho que puedes triplicar la población de todo el mundo en lago Ness.

También se sabe que el volumen total de agua dulce en todos los lagos escoceses combinados se estimó en 1,015,814 millones de pies cúbicos, o 6,9 millas cúbicas. Bastante sorprendente, pero más interesante si combinara el área de superficie total de los 562 lagos escoceses, terminaría con una cifra estimada de 340.22 millas cuadradas.

El lago Ness es, por supuesto, un lago en forma de V y las pendientes empinadas que bordean el lago dictan que muy pocos nutrientes llegan al lago, lo que lo hace muy improductivo. ¿Y qué hay del pez jamás capturado a mayor profundidad en un lago de agua dulce en el Reino Unido? Bueno, ese récord es para el lago Ness cuando tres truchas árticas fueron capturadas por el Proyecto Lago Ness en 1982 a una profundidad de 730 pies (¡debió haber mucha línea de pesca para eso!).

El primer registro de un borde de camino 'adecuado' para el lago Ness era el camino militar del general Wade. Inicialmente, construyó un fuerte en el extremo sur del lago Ness en 1730. Unos años más tarde, en 1732, construyó una sección norte de la carretera cerca de la orilla del lago Ness, que unió algunos fuertes militares en Great Glen.

Pero no fue hasta 1933 que el lago Ness vio una carretera adecuada construida alrededor de sus costas, esta fue la A82 que recorre la costa norte del lago Ness. Antes de la década de 1930, la población local tenía que depender de los transbordadores locales para llegar del punto A al punto B.

Algunas de las ruinas de los embarcaderos que lanzaron los transbordadores todavía se pueden ver hoy. Habiendo dicho eso, en realidad había un camino a lo largo de la costa norte que existió desde antes de este 'nuevo' camino de 1933 del que rara vez se menciona en otros libros del lago Ness.

Escocia, por supuesto, es conocida por sus precipitaciones, pero ¿sabías que las precipitaciones aumentan una pulgada por milla a medida que viaja hacia el oeste desde Inverness? Bueno, ahora sabes. ¡Y sabías que el lago Ness tiene una isla! Se llama Cherry Island, que en realidad es lo que los escoceses llaman crannog; está a unos 150 metros de la orilla cerca del extremo sur del lago.

La isla es mucho más pequeña de lo que era en sus inicios. Originalmente tenía 160 pies por 168 pies de ancho, pero el nivel del lago se elevó cuando se convirtió en parte del Canal de Caledonia y este aumento en el nivel del lago provocó una isla natural más pequeña cerca de Eilean Nan Con (más conocida por los lugareños como Dog Island) para estar totalmente sumergida.

Una vez hubo un castillo en Cherry Island durante el siglo XV. Se cree que se construyó con piedra y madera de roble y probablemente se usó como un refugio fortificado contra los elementos y cualquier grupo hostil.

Cada día se encuentran nuevas especies de insectos y animales en todo el planeta, de hecho, el Proyecto El lago Ness descubrió una nueva especie de gusano nematodo en el lago Ness.

¿Y sabías también que un gran número de salmones migratorios pasan por el lago Ness a sus lugares de reproducción?

. . .

Dicho esto, se ha observado que a medida que pasa cada año, son menos en número de lo que solían ser.

La gente está dividida en cuanto a la población exacta de peces en el lago Ness, es obvio que para que existan criaturas grandes tendría que haber una especie de fuente de alimento y los peces parecen ser la principal fuente de alimento para estas escurridizas criaturas. De hecho, hay una gran población de truchas marrones en el lago.

También hay anguilas en el lago Ness que viajan todo el camino desde el lago hasta el Mar de los Sargazos, a través del Canal de Caledonia que, por cierto, fue construido por Thomas Telford en 1822.

Se ha dicho que hace 7,000 años, el lago Ness estaba abierto al Mar del Norte y surgen especulaciones de que estas 'criaturas' (sean lo que sean) venían hacia y desde el mar, usando el lago como lugar de alimentación y reproducción.

. . .

A través del tiempo y los movimientos geológicos de la corteza terrestre, el lago quedó aislado del mar en el extremo de Inverness y algunas de estas "criaturas" quedaron atrapadas. Sin embargo, el problema que surge es que si fueran plesiosaurios (como algunos especulan que 'Nessie' es), al estar en el lago, entonces tendrían que haberse adaptado al cambio de agua en el lago cuando éste fue aislado del mar.

Quizás el contenido salino cambió porque lo que sí sabemos es que muchas otras especies se han adaptado con éxito al cambio de agua salada a agua dulce. Hay tiburones en lagos de agua dulce en partes de África que alguna vez estuvieron conectados al mar.

Algunos biólogos marinos han dado el número de adaptaciones que se necesitarían para mantener una especie de 'criaturas' en el lago Ness.

Por supuesto, es difícil decir con certeza el número exacto de 'criaturas' que habitan en el lago Ness y si existen independientemente unas de otras o se reúnen en algún tipo de 'manada'. Y aunque "Nessie" se ha visto principalmente como una criatura individual brevemente en la superficie del lago, hay informes en la historia de este tema de dos o más criaturas que se han visto juntas, más de las cuales más adelante.

El 13 de julio de 1871, el *Inverness Courier* informó de la captura de un pez esturión justo al lado de la entrada de Inverness al Canal de Caledonia. Aparentemente, casi se había salido de una red de salmón y medía 7 pies de largo. Los registros muestran que el 12 de agosto de 1661 un esturión de 12 pies había sido capturado en el lago.

Y no olvidemos, querido/a lector/a, si crees que los animales prehistóricos no se encuentran aquí hoy en el siglo XXI, ¡puedo pedirte que lo pienses de nuevo! Digo esto porque hasta 1938, se creía que el pez celacanto se había extinguido durante millones de años. Y luego comenzaron a ser atrapados en el Atlántico Sur. Sin embargo, el primer celacanto fue capturado en la costa de Madagascar.

Entonces, si un pez prehistórico que alguna vez se pensó que se había extinguido puede aparecer vivo,

¿podría aparecer vivo algo similar en el lago Ness, aunque a mayor escala?

Es una gran posibilidad y es esa posibilidad la que impulsa a personas como yo y a otros investigadores de todo el mundo a intentar descubrirla.

Muchas personas preguntan si hay un patrón en los avistamientos en el lago Ness y la respuesta simple es 'no'. No hay evidencia que sugiera que alguna parte del lago Ness sea mejor para los avistamientos que cualquier otro lugar.

Tampoco hay ciertos momentos del día o incluso meses del año que sean mejores que otros.

Dicho esto, no hace falta decir que áreas como el castillo de Urquhart y Dores y también Drumnadrochit, que ve una alta concentración de turistas, esas áreas han visto una mayor propensión a los avistamientos, pero no podemos usar eso como definitivo cuando se trata de buscar estadísticas para encontrar a 'Nessie'.

. . .

Es cierto, no ha habido muchos avistamientos de 'Nessie' por la noche. Personas de todo el mundo en los primeros veleros informaban de extrañas criaturas en el mar. Hay literalmente cientos de estos avistamientos, criaturas misteriosas antes de esos informes de principios de 1930 sobre el lago Ness se estaban viendo en los mares del mundo.

2

Primeros avistamientos

SERÍA un error no traer a colación las leyendas de las serpientes marinas y los monstruos lacustres de todo el mundo en este libro para establecer comparaciones sobre lo que se ve en el lago Ness y el lago Morar en la actualidad. Así que es el momento de centrar nuestra atención en los supuestos "hechos" y contar la historia del lago Ness desde el principio.

El principio, por supuesto, debe provenir del primer avistamiento "informado" de una extraña criatura. Es cierto que esto no fue en el lago Ness en sí, sino en el río Ness. Fue hecho por un hombre religioso, un hombre de Dios y alguien que se piensa que fue el catalizador de las historias de una extraña 'bestia' que viene de esta área. Ese testigo fue San Columba.

Antes de llegar a lo que vio San Columba, ¿quién era el hombre mismo?

Bueno, el registro histórico nos dice que San Columba era un monje irlandés que llegó a Escocia para convertir a los pictos al cristianismo. Su relato fue redactado por Adamnan en su obra, *Life of St. Columba*, escrita en el siglo VII (el evento en sí ocurrió en el siglo VI).

De todos modos, la historia cuenta que mientras San Columba estaba en Escocia, los compañeros de Columba se encontraron con algunos locales que estaban enterrando a un hombre junto al río Ness. Los lugareños explicaron que un hombre había estado nadando en el río cuando de repente fue atacado por lo que describieron como una "bestia de agua". Los lugareños de la zona al ver esto intentaron rescatarlo remando hasta donde ocurrió el incidente, pero lamentablemente todo lo que encontraron fue su cadáver.

Cuando sus seguidores le contaron esta historia, San Columba sorprendió a los pictos locales al enviar a uno de sus seguidores a cruzar el río a nado. Como si fuera una señal, esta 'bestia de agua' nadó hacia el hombre, pero justo antes de que la 'bestia' se acercara a él, San Columba hizo la señal de la cruz y ordenó con las palabras ahora inmortales: "*No sigas adelante, no toques al hombre. Vuelve de inmediato*".

Ante esto, la 'bestia del agua' se detuvo en seco y desapareció bajo el agua. Los escépticos han criticado este relato por varias razones, una de las cuales fue que las "bestias acuáticas" aparentemente eran comunes en la vida de los santos y este podría ser otro cuento entretejido en el manto del mito histórico.

No olvidemos que este cuento fue escrito un siglo después de ocurrido el supuesto episodio. Tendemos a pensar que antes del advenimiento de la televisión y de la sociedad de internet y video de alto vuelo, la palabra escrita era todo lo que teníamos para continuar y el registro histórico era una parte importante del tiempo.

Pero, de nuevo, ¿es real? Supongo que nunca lo sabremos (o al menos no con certeza).

También es justo señalar aquí que hubo una talla neolítica que se encontró en Balmacaan, que está cerca del lago Ness. Esta talla 'parece' mostrar algún tipo de criatura parecida a una serpiente. Luego hubo un historiador romano con el nombre de Dio Cassius que en sus escritos mencionó una tribu llamada los Caledones, que vivían alrededor de las orillas del lago Ness en la época romana y tenían un tabú de no comer pescado capturado en el lago.

La historia no nos dice por qué debería ser así, pero en el contexto de algún tipo de criatura que supuestamente habita en el lago, ¡podemos especular sobre por qué! Pero incluso el relato de Dio Cassius puede no ser del todo exacto, ya que Ronald Binns en su excelente libro *'The Loch Ness Mystery Solved'* de 1983 afirma que Dio Cassius era en realidad un historiador griego y que la historia de la tribu Caledones ha sido exagerada.

. . .

Binns afirma que los informes de "criaturas" en el lago Ness se remontan al siglo VI. Menciona a un cronista escocés que afirma que el 'monstruo' fue visto en 1520.

También, en la 'Historia de Escocia' del siglo XVI de Héctor Boece, se describía que una 'bestia terrible' salió 'fuera' del lago en una mañana de pleno verano y derribó árboles y mató a tres hombres.

Luego, en sus memorias de 1694, Richard Franck escribe sobre una "isla flotante" en el lago Ness. Ahora, como todos sabemos, no hay una isla flotante en el lago Ness, entonces, ¿qué pudo haber visto Richard? ¡La espalda de una gran criatura!

Luego estaba ese gran escritor Daniel Defoe, quien en su séptima edición de su *Tour Through The Whole Island of Great Britain* (volumen cuatro) habla de 'Leviatanes' en lago Ness, de los cuales, además, los anuncios fueron 'frecuentemente perturbados' por las explosiones los hombres del Gral. Wade mientras abrían una carretera a lo largo del lago en 1726.

• • •

Ronald Binns continúa dando informes de 'Nessie', que apareció en 1771 y nuevamente en 1885. En 1886, los informes de 'Nessie' aparecieron en el *Glasgow Evening News*, aunque esos informes son cuestionables ya que provienen de uno de los libros de John Keel que, según Ronald, estaba lleno de inexactitudes.

Aunque todos sabemos que el periódico puede tergiversar la verdad y no registrar los avistamientos con claridad y honestidad, son un buen medio para obtener registros históricos.

Miremos ahora a través de la noche de los tiempos y veamos cómo ha crecido la leyenda de 'Nessie'.

En 1802, Alexander MacDonald, un granjero que vivía en el pueblo de Abriachan, le contó el siguiente relato al ex alguacil de agua del lago Ness, Alex Campbell. El hombre había visto a la criatura muchas veces en el lago, pero hubo una ocasión en la que la "criatura" se acercó a 50 yardas de él.

. . .

Alexander había estado rescatando a un cordero que se había caído de la ladera cuando, de repente, uno de los Monstruos del Lago Ness salió a la superficie y procedió a nadar a 50 yardas de él. Se dio cuenta de que esta 'criatura' tenía apéndices cortos con los que se impulsaba a través del agua. Luego, la criatura se dio la vuelta y comenzó a nadar de regreso al medio del lago, donde se sumergió con un gran chapoteo.

El Sr. MacDonald le dijo a Alex Campbell que lo que vio tenía unos seis metros de largo y le recordó a una salamandra. Y hasta que murió, siempre se refirió a lo que vio en el lago ese día, como la "gran salamandra".

Por su parte, *The Inverness Courier* informó con su titular 'Una escena de Lochend' que dos extraños animales fueron vistos nadando a través del lago Ness. Algunos de los lugareños pensaron que era una especie de serpiente marina con sus movimientos enroscados a lo largo de la superficie. ¡Otros testigos pensaron que lo que estaban viendo podría ser un par de ballenas o incluso focas grandes!

. . .

Se dice que los lugareños estaban listos para defenderse con todo, desde hachas de guerra hasta horcas. Por un corto tiempo pensaron que eran un par de ciervos hasta que un tipo tomó su arma y estaba a punto de disparar cuando, de repente, arrojó su arma y gritó en galo "¡Dios nos proteja, ellos son los Caballos de Agua!". El caballero pensó que eran los Kelpies del folclore local... En realidad, resultaron ser dos ponis de la propiedad de Aldourie, que estaba a menos de una milla de distancia.

El 8 de octubre de 1868, el *Inverness Courier* local informó de otro curioso incidente, esta vez en Abriachan, que también resultó tener una explicación natural. El periódico describió un "pez enorme" que fue encontrado muerto en la playa. Medía unos dos metros de largo.

Algunos lugareños pensaron que (y esto es lo interesante) que podría ser un extraño pez del que se había informado durante muchos años. Después de examinarlo adecuadamente, se declaró que había sido un "delfín desollado" que bien pudo haber sido arrojado por la borda, por lo que el periódico describió como "la tripulación bromista" de un barco de pesca que pasaba para engañar a "los crédulos nativos de Abriachan".

En 1871 este periódico también informó a sus lectores sobre la captura de un gran esturión que fue capturado justo al lado de la entrada de Inverness al Canal de Caledonia. Casi se había salido de una red de salmón y tenía unos increíbles 7 pies de largo.

Anteriormente, el 12 de agosto de 1661 se capturó un esturión aún más grande que medía alrededor de 12 pies de largo, otra vez cerca de Inverness.

Del libro de Nicholas Witchell, *'The Loch Ness Story'* en 1974 nos dice que el Sr. D Mackenzie de Balnain vio al 'monstruo' alrededor de las 12 en punto en un gran y soleado día. Parecía un bote volcado y nadaba a gran velocidad retorciéndose y agitando el agua mientras lo hacía.

. . .

Cabe señalar aquí que incluso la reina Victoria viajó a las tierras altas. Ahora, si tenía grandes esperanzas de ver a 'Nessie' ella misma o si sabía sobre 'Nessie' es cuestionable, pero hizo un viaje a través del Canal de Caledonia y del lago Ness en 1873.

De hecho, debido a la construcción del Canal de Caledonia, muchos turistas ingleses de clase media visitaron el lago Ness para disfrutar de la belleza escénica de las tierras altas. *The Inverness Courier* comentó a través de su periódico sobre esta afluencia constante de turistas ingleses desde la década de 1840 en adelante, que resultó ser un impulso bienvenido para la economía escocesa.

Aparentemente, los lagos de Highland estaban demostrando ser tan populares como las concurridas calles de Londres, y después del viaje al norte de la reina Victoria, CalMac comenzó a ofrecer tours de verano y muchos barcos de vapor se podían ver no solo en el lago Ness sino también en otros lagos escoceses.

De todos los atributos extraños del "monstruo" favorito de Escocia, uno de los más peculiares es, sin duda, aquel en el que decide abandonar el lago e irse de fiesta. Simplemente no puedes leer un libro sobre el monstruo del Lago Ness y no mencionar el hecho de que se les ha visto en la carretera y en las orillas del lago Ness.

Suena increíble y lo más probable es que lo sea. Sin embargo, el hecho de que algo suene ridículo no significa que deba quedar fuera de este libro. A medida que avancemos en este libro, encontrarás algunos de ellos.

3

Avistamientos no comprobados

Sabemos más sobre la superficie de la Luna que sobre lo que hay debajo de nuestros océanos, y eso es un hecho. Quién sabe qué misterios yacen sin descubrir en la inmensidad y las profundidades de los océanos (y del lago Ness).

Durante 1990, las guerras sucedían en todo el planeta. La estupidez y la falta de humanidad del hombre hacia su prójimo debido a la codicia, la religión y cualquier otra excusa tonta que se les ocurrió para ir a la guerra fue evidente en esta década. Estalló una guerra en el Congo (Zaire) que no terminó hasta 2003. Luego, Irak invadió Kuwait iniciando la primera Guerra del Golfo y el eventual derrocamiento y muerte del presidente Saddam Hussein.

También comenzó la guerra de Chechenia entre la Federación Rusa y la República Chechena de Ichkeria.

Otras guerras estaban ocurriendo en Cachemira, Yugoslavia (notoria por el genocidio y la limpieza étnica en ambos lados) y luego hubo miles de personas muertas en el genocidio de Ruanda de 1994.

La oveja Dolly fue el primer animal en ser clonado durante esta década y esto condujo a todo tipo de debates sobre los aspectos espirituales y médicos de tal logro. Además de la oveja Dolly, otros aspectos de la tecnología se estaban poniendo al día rápidamente: comenzó la televisión por cable e Internet se estaba volviendo cada vez más popular con más personas 'en línea'.

Durante 1990 se emprendieron varios proyectos interesantes. En el verano de 1990, *The Loch Ness Project* hizo un experimento con varios voluntarios y testigos en el que se les pidió que dibujaran lo que pensaban que era el monstruo del Lago Ness, con resultados particularmente interesantes.

También había una estación fija que se estableció en el centro del lago que fue utilizada por grupos de investigación universitarios visitantes que colaboraban con el Proyecto Lago Ness.

Hubo muchos jugadores involucrados en la investigación y que mostraron un interés fijo en encontrar a los monstruos del lago Ness, uno de ellos fue Rip Hepple de Auckland County Durham, Inglaterra.

En lugar de ir al extranjero con su esposa Doris (ella falleció lamentablemente desde entonces), el hombre viajaría cientos de millas hasta el lago Ness en su Bedford Camper Van, a veces con sus hijos, y pasaría muchos días en el lago simplemente contemplando su superficie o visitando amigos que había hecho alrededor del lago en sus visitas anteriores allí.

. . .

El hombre se levantaba entre las 5 y las 6 de la mañana con los binoculares y la cámara, listos para tomar la posibilidad de fotografiar a 'Nessie'. En 1974, comenzó a producir un boletín sobre el Monstruo del Lago Ness que detallaba los últimos avistamientos y la actualidad en el Lago. Este boletín se extendió por todo el mundo y tiene suscriptores de lugares tan lejanos como China y Rusia. Todavía lo produce.

Lamentablemente, en todos los años que Rip visitó el lago, nunca logró ver al monstruo, pero espera que tal vez algún día, si alguna vez regresa al lago, quizás tenga suerte. En su *"Nessletter"* número 107, Rip menciona que uno de los miembros más nuevos, Helen Cross, envió noticias de un avistamiento de joroba que tuvo en 1990.

Era el segundo sábado de octubre (13) y era bastante temprano en la mañana, pero no se dio una hora exacta ya que ella y una amiga habían estado manejando durante bastante tiempo y perdieron la noción del tiempo. Habían conducido hasta Drambuie Hill, que ofrece unas vistas maravillosas de la bahía de

Urquhart, y habían aparcado para tomar una taza de té.

Mientras su amiga recorría la parte trasera del coche para recoger la petaca, Helen estaba sentada delante mirando alrededor. Las condiciones climáticas eran muy claras, sin viento, la superficie del lago estaba en calma con pequeñas ondas en gran parte de lo que se podía ver. El sol brillaba bastante bajo sobre Inverfarigaig, lo que hacía que la bahía y gran parte del lago visible tuvieran un brillo plateado.

Helen no vio aparecer la "joroba", solo estaba allí cuando miró en esa dirección. Estaba cerca de donde la cima de la colina oscurecía el agua y hacia la mitad de la bahía. Debido a la distancia, hubiera sido fácil pasarlo por alto si las condiciones meteorológicas no hubieran sido tan claras.

La joroba captó y retuvo su atención mientras 'sobresalía' contra el agua brillante. Se sorprendió por su reacción pasiva y lamentó no haber ido a contárselo a alguien de inmediato. En ese momento simplemente no comprendió el significado de lo que estaba viendo.

La mujer se quedó sentada esperando que la figura se convirtiera en un bote o algo familiar, pero no fue así. Su cámara estaba en la parte trasera del coche, aunque, sin un teleobjetivo, no podría haber captado nada útil, incluso si hubiera pensado en intentar conseguirlo.

La 'joroba' permaneció a la vista durante aproximadamente un minuto sin moverse en absoluto. Helen dijo que tenía la impresión de que estaba "tomando el sol".

Después de ese tiempo, simplemente se hundió sin hacer una onda y eso fue todo, excepto por una sombra particularmente interesante que permaneció durante aproximadamente medio minuto. Estaba bajo la superficie del agua y era más grande que la propia "joroba".

Helen calculó que la "joroba" tenía unos 5 pies de adelante hacia atrás. Ella dijo: "no dije haber visto a

'Nessie' simplemente porque hasta que no se ve un espécimen en su totalidad, nadie sabe cómo podría ser un 'Nessie'". Helen envió una fotografía tomada desde el mismo lugar unos cinco minutos después. Usando esto y un mapa, calculó que estaba a unos 500 pies sobre el agua y a unos tres cuartos de milla del objeto.

En ese rango, si hubiera estado en una posición menos elevada, es posible que no hubiese notado la "joroba". Una explicación de lo que vio Helen podría ser una pequeña mancha de agua oscura sin ondas que luego se ondula y se fusiona con el agua más clara circundante. Sin embargo, Helen ha visitado el lago varias veces y lo ha observado bastante, por lo que tiene cierta experiencia sobre el lago y las condiciones del agua.

Un aspecto del relato que se ha cuestionado es la 'sombra' que quedó después de que la 'joroba' se sumergiera. Helen sugirió que estaba bajo la superficie, pero es fácil dudar de esto, porque el sol reflejado en el agua impediría cualquier vista a través de la superficie. Parece seguro que vio algo inusual, pero a tal distancia que los detalles no eran visibles y no era posible una identificación completa.

. . .

'Nessie' mantiene la cabeza gacha. Así lo afirmó el Scottish Daily Record del lunes 8 de octubre de 1990. Afirmaron que, si los cazadores de 'Nessie' no podían probar que los Monstruos del Lago Ness existían, entonces no estarían dispuestos a cobrar el premio en efectivo de 250.000 libras esterlinas.

Oceanscan, con sede en Aberdeen, fue uno de los equipos que participaron en la búsqueda en el lago Ness ese mes en particular y, de hecho, captaron una imagen grande en su equipo de sonar de alta tecnología. El líder de la expedición, Andy Gray, dijo que lo que estaba a su alcance era demasiado grande para haber sido un pez, pero como no tenían un video en marcha en ese momento, no pudieron hacer una identificación positiva.

Los corredores de apuestas William Hill organizaron esta cacería de 'Nessie' y fueron muy selectivos a la hora de decidir qué constituía una prueba de un real monstruo del Lago Ness antes de regalar el dinero del premio. El presupuesto real de William Hill para organizar esta expedición fue la suma principesca de 8.000 libras esterlinas. De la forma habitual y esperada en que los periódicos se alejan de una historia como esta, terminó con el hecho de que el cantante de rock, Screaming Lord Sutch del Monster Raving Looney Party, no logró sacar a la bestia de su escondite con un haggis o un sándwich British Rail.

Cuando se trata de titulares, puedes apostar tus botas a que los periódicos pueden brindarte un titular elegante, cómico y llamativo que te atraerá a una historia.

El del lago Ness proviene del periódico Scottish Daily Record del sábado 15 de febrero de 1992 y se relaciona con una tal Margaret MacLennon que vive a orillas del lago Ness en Dores.

Margaret estaba absolutamente convencida de que había visto al monstruo, pero su descripción de lo que vio dirigiéndose hacia el oeste a través del lago ciertamente no coincidía con los innumerables cientos de otros avistamientos de 'Nessie'.

. . .

Ella lo describió como de unos seis pies de largo y estaba a solo unas 30 yardas de la orilla. No vio ninguna de las famosas "jorobas", pero lo que sí vio fue una piel escamosa de cocodrilo. El avistamiento se realizó en junio de 1991 y solo salió a la luz cuando Steve Feltham visitó el área.

El Sunday Mail escocés del 23 de agosto de 1992 tenía el titular "Yo soy el hombre monstruo", y contaba la historia de un tal Lambert Wilson, un anciano que afirmaba haber llevado a cabo uno de los grandes engaños del Monstruo del Lago Ness.

Lambert afirmó que obtuvo la cabeza y el cuello de una serpiente de un disfraz teatral y nadó alrededor del lago durante 15 minutos en 1934. Fue hasta casi 60 años después que el ex director musical y maestro finalmente se sinceró.

Lambert, de 86 años, de Morecambe Lancashire, Inglaterra, dijo: *"Con todo el interés renovado en el monstruo, decidí decir la verdad. Pude ver todos los grupos de búsqueda en el lado del lago cuando nadé hacia ellos y me arrojaron piedras.*

¡Bueno, qué montón de tonterías! Simplemente no puedo creer que alguien haga tal cosa".

En agosto de 1992 hubo un gran artículo en las noticias de ITN (Noticias de Televisión Independiente) en Gran Bretaña sobre lo que se creía que era un video de uno de los Monstruos del Lago Ness filmado por un hombre no identificado de Glasgow. Apareció en todos los periódicos y causó un gran revuelo en los medios.

Nuevamente, como todos los avistamientos de 'Nessie', no fue nada concluyente. "Es una ola", gritaron algunos, "es el tronco de un árbol que emerge a la superficie", gritaron otros, "seguro que debe ser una foca", gritaron los escépticos. Bien, quizás.

El profesor Peter Meadows fue citado en el periódico Sun del 27 de agosto de 1992 diciendo: 'Nessie' es solo una rana gigante". Sin embargo, la prensa lo había citado erróneamente en gran medida. El profesor Meadows, que en ese momento era profesor titular de biología marina en la Universidad de Glasgow, había viajado por todo el mundo para continuar con sus estudios de biología marina y dijo que el objeto representado en esa película, probablemente fuera un mamífero de agua dulce de sangre cálida, aproximadamente en el rango de cuatro a doce pies de largo con lo que parecía ser una forma de joroba larga que se movía hacia arriba y hacia abajo debajo de la superficie del agua.

Continuó diciendo que incluso hoy en día hay muchas especies de criaturas aún no descubiertas que aún esperan clasificación, desde las selvas de África hasta las llanuras cubiertas de nieve del Himalaya.

El profesor Meadows dijo además que la 'criatura' filmada en el lago Ness, en su opinión, solo saldría a la superficie cuando la temperatura del agua subiera. Peter, que investigó un poco del lago Ness en la década de 1960, principalmente trabajos de ecosondeo, estuvo de acuerdo en que la evidencia del sonar, tal como está ahora, tendería a confirmar la existencia de una pequeña familia de criaturas que viven en el lago.

Peter concluyó su entrevista diciendo que había descartado que las focas, los troncos de superficie, las olas y las estelas fueran la causa de esta perturbación de la superficie. No quiere decir que sea una 'Nessie' pero, en su opinión, encontró el video muy impresionante.

Por otro lado, el profesor Archie Roy, también de la Universidad de Glasgow, mencionó que había visto el video en la televisión y, francamente, dijo que no le parecía una ola.

Encontró el video interesante, pero aparte de eso, no podía especular más.

El escritor científico y escéptico de Edimburgo, el Sr. Steuart Campbell, mencionó que lo que muestra el video es un raro efecto de interferencia entre estelas.

El video también muestra que había varias embarcaciones grandes en el área en ese momento y estas estelas se pueden ver claramente. No es seguro qué estela en particular estuvo involucrada, pero lo que se ve es un efecto en el que una ola interfiere con otra, y cuando dos olas se encuentran, hacen que aparezca una gran joroba de agua.

. . .

En el video la estela se puede ver rodar de izquierda a derecha y hay una mancha blanca en él. Esta mancha blanca que vino y se fue es espuma causada por el rompimiento de la ola: es la primera vez que este efecto de onda ha sido captado en una película. Este efecto puede ocurrir en una gran masa de agua donde el agua está relativamente tranquila y donde hay grandes embarcaciones para crear bastante poderosas estelas.

Tener un lago con orillas paralelas que sean bastante empinadas también ayuda. Este video es la causa de 'la mayoría' de los informes de 'Nessie' en los últimos años", y sin duda, como dice Steuart, esto ha dado lugar a muchos informes falsos de 'Nessie'.

Adrian Shine, una autoridad prolífica en cuanto al lago Ness, sintió que lo que este turista había filmado era de hecho un efecto de ola de barco que él mismo vio de manera similar en el lago solo unas semanas antes. Señaló que este efecto no estaba progresando mucho en el agua, simplemente rodando suavemente.

. . .

También la mala calidad del 'contraste' de la película de video y las malas condiciones de iluminación en ese momento, probablemente dieron el efecto de algo grande y extraño justo debajo de la superficie del agua. De hecho, el video original en realidad fue destruido, de acuerdo con Adrian, por ITN cuando lo estaban estudiando.

Adrian tendía a no darle demasiada importancia a la fotografía de superficie, pero creía que la respuesta, si es que hay alguna, probablemente provendrá del sonar. Los resultados de su Proyecto Urquhart aún se estaban evaluando en ese momento.

¡'Nessie' es sólo un pez grande! Este fue el titular de la revista ENIGMAS de mayo a junio de 1993. Esto es lo que tenía que decir sobre 'Nessie' en este número. Mira lo que piensas de esto. El Sr. y la Sra. Fulton le enviaron a Steve Feltham (un investigador del lago Ness) un relato de lo que presenciaron y anteriormente le hablaron al respecto.

. . .

Estaban de vacaciones en un crucero y pasaban por el lago Ness. Amarraron durante la noche en el castillo de Urquhart.

A la mañana siguiente, sábado 19 de septiembre de 1992, abandonaron su punto de amarre alrededor de las 10:30 a.m. y pusieron rumbo a Fort Augustus.

Había una espesa niebla que seguía subiendo y asentándose de nuevo, el agua estaba muy tranquila y esperaban que siguiera así. Llevaban en camino alrededor de media hora cuando la niebla se disipó durante un tiempo, lo que permitió una buena visibilidad.

Entonces el Sr. Fulton vio que se dirigía hacia ellos a unos tres metros y medio del estribor de su crucero, lo que parecían ser dos "orejas" atravesando el agua.

Fulton dijo que eran de un origen puntiagudo. *"Le grité a mi esposa Susan, 'mira eso', '¿qué diablos es eso en el agua'? Ella dijo: 'Oh, Dios mío'. Entonces dije, 'rápido, trae la cámara' y ella dijo que no servía de nada, debí haber dejado la cámara encendida y que las baterías estaban agotadas"*.

. . .

Durante todo este tiempo, las orejas se veían por encima de la superficie del agua y permitían la suposición de que las orejas estaban separadas aproximadamente diez pulgadas. Pareció que estaba a punto de dar la vuelta al barco después de pasar, por un momento Fulton lo perdió de vista porque tenía que gobernar el bote.

"Le grité a mi esposa: '¿Sigue ahí?' Ella dijo que sí'. Luego dijo que se había ido". La pareja todavía se encontraba desconcertada por lo que habían visto, pero ambos estaban seguros de que eran 'orejas', puntiagudas y de un color marrón oscuro.

Rip Hepple continuó mencionando en su boletín del lago Ness que los Fulton estaban en uno de los barcos de Jim Hogan y se lo informó a él a su regreso. Fue Jim quien buscó a Steve y lo llevó a ver al Sr. Fulton.

Steve le preguntó a la esposa del Sr. Fulton si había visto alguna turbulencia en el agua después de que pasó y ella dijo que había notado "alguna turbulencia". Pero lo único que la asustó fue cuando 'pasó' el bote, las 'orejas' 'giraron' como si estuviera mirando el bote antes de que desapareciera. Este es sin duda uno para la colección.

Ha habido informes de fosas nasales/snorkels rompiendo la superficie. Pero por lo que es posible recordar, nunca orejas, ¿qué podría ser? Las protuberancias puntiagudas habían estado en línea. Una explicación podría ser la aleta dorsal y caudal de un pez grande.

Se podría sugerir que fueron las aletas dorsales de 'dos peces' nadando en paralelo. Teniendo en cuenta el tiempo que las 'orejas' deben haber estado a la vista, ¡habría sido toda una proeza de nado sincronizado a pescado!

Bueno, por supuesto, hay algunas personas que dirían que 'Nessie' es solo un gran truco turístico, creado por los escoceses para mejorar la prosperidad de Escocia. De todos modos, del *Scottish Daily Record* del 16 de septiembre de 1992 nos enteramos de que *'Nessie Mad Norsemen'* llegaba a Escocia para aprender de los lugareños del lago Ness y de los propietarios de hoteles cómo promover y convertir su 'propio' monstruo llamado 'Selma' en una atracción turística.

Rune Handykken fue citado diciendo: *"Selma es muy conocida aquí pero no fuera de nuestro país. Ha habido cientos de avistamientos a lo largo de los años. Esperamos ver una gama de souvenirs para aprender a promocionarla"*.

Uno hubiera pensado que probar la existencia de una familia de extrañas criaturas sería más importante que una taza de diseñador. Vemos cosas similares con el fenómeno OVNI, con modelos de extraterrestres, insignias y calcomanías, pero si esto contribuyó a crear interés en su propio 'monstruo', entonces es justo. La gente siempre intentará ganar dinero con cualquier cosa y lo paranormal y el lago Ness no es una excepción. Es la naturaleza humana.

4

El proyecto Urquhart

El 1 de agosto de 1992, el periódico Sun tenía el titular *"Nessie Hunters Spot Real Whopper"*. Esta historia no se trataba de un avistamiento de "Nessie" en la superficie esta vez, esta vez fue un extraño contacto de sonar que se registró en el lago.

El periódico estableció que los científicos que investigaban la leyenda del Monstruo del Lago Ness habían detectado un gran objeto misterioso en las profundidades del agua. Los dispositivos de sonar en el submarino de los investigadores rastrearon un 'blip' no identificado durante dos minutos antes de que desapareciera.

. . .

El lector de noticias Nicholas Witchell, cofundador de la sonda del Proyecto Urquhart, dijo que la forma se registró en la escala más alta del sistema de detección. Pero fue cauteloso con las sugerencias de que era 'Nessie' de vista en el lago de 750 pies de profundidad. Dijo: *"Incluso el equipo más sofisticado es susceptible a ecos espurios".*

Robert Manson, director de marketing de la empresa, cuyo equipo de alta tecnología se estaba utilizando, dijo*: "El objetivo emitió un eco sonoro fuerte y sólido. El operador del sonar pensó que era el eco más grande en medio del agua que había encontrado en el lago".*

Ronnie Bremner, que dirigía la exposición del lago Ness en Drumnadrochit, dijo que no tenía ninguna duda de que el objeto era el 'monstruo'. Y así, se han establecido muchos proyectos e investigaciones para tratar de descubrir qué, además de los peces, está nadando en el lago Ness.

Los investigadores llegaron de todas partes para determinar (con suerte de una vez por todas) si realmente existían los Monstruos del Lago Ness. Uno de esos proyectos se hizo realidad gracias a una idea del ex-locutor de noticias de la BBC, Nicholas Witchell, quien siempre había sentido una profunda fascinación por las criaturas del lago Ness.

Fue puramente la determinación de Nicholas de hacer algo científicamente para probar o refutar lo que había en el lago lo que lo llevó a buscar ayuda de la comunidad científica.

Primero buscó ayuda en el Museo de Historia Natural de Londres y también en la Asociación Biológica de Agua Dulce, y también en Simrad, que es una empresa de electrónica marina.

La ayuda también vendría del Discovery Channel, cada uno de los cuales acordó ayudar de una forma u otra.

Es cierto que no todo era buscar a los 'monstruos', sino más bien obtener una mayor comprensión científica de la ecología del lago sobre la población de peces y otras cosas también.

El Proyecto Urquhart envió un comunicado de prensa en 1992 y esto le daría una comprensión clara del deseo de las personas informadas de llegar al fondo del misterio del Lago Ness. Aquí, en parte, está lo que decía ese comunicado de prensa.

"El Proyecto Urquhart es una investigación de la ecología completa de Loch Ness, incluida su biología e hidrografía. Es una iniciativa a largo plazo para entender el lago. El proyecto, que será financiado por patrocinio comercial, cuenta con el respaldo de un consorcio de las principales instituciones científicas del Reino Unido. Está dirigido por la asociación biológica de agua dulce de Windermere y el Museo Nacional de Historia de Londres. El proyecto también cuenta con el apoyo total y formal de la Royal Scottish Geographical Society y los Museos Nacionales de Escocia en Edimburgo y la empresa Highlands and Islands en Inverness".

El Dr. Neil Chambers, Director del Museo de Historia Natural dijo que el lago Ness es uno de los hábitats de agua dulce más preciados de Gran Bretaña y, sin embargo, se sabe muy poco al respecto. El museo de Historia Natural sentía que ya era hora de que se realizara un estudio científico exhaustivo del lago Ness para ayudar a comprenderlo y protegerlo, de acuerdo con el profesor Gwnfryn Jones, director de la Asociación Biológica de Agua Dulce y miembro del consejo de administración del Proyecto Urquhart.

Explorar y comprender al lago Ness era un gran desafío, potencialmente uno de los estudios de este tipo más emocionantes que se habían llevado a cabo en Gran Bretaña en los últimos años. Los involucrados pensaban que podría generar nueva información importante.

Uno de los principales objetivos del Proyecto Urquhart fue establecer qué especies habitan el lago y cómo viven. Los científicos de la Asociación Biológica de Agua Dulce y el Museo de Historia Natural desempeñaron un papel central en el trabajo de campo del Proyecto Urquhart. Realizaron estudios detallados de aspectos del entorno del lago, incluida su biología, su química, sus algas, plancton, gusanos nematodos y crustáceos, así como un estudio detallado de la población de peces del lago.

El profesor Colin Curds, cuidador de zoología del Museo de Historia Natural y miembro del consejo de administración del Proyecto Urquhart, dijo que el Museo de Historia Natural creía que había una gran cantidad de buena ciencia por hacer en el lago Ness. Ni siquiera se tiene una lista completa de los animales y las plantas que se encuentran allí, y mucho menos información relacionada con su ecología, limnología e hidrografía la verdadera profundidad.

El sonar también se utilizaría para estudios biológicos y para establecer patrones de actividad submarina en el lago. El Proyecto Urquhart estaría trabajando con algunos de los líderes mundiales en tecnología de sonar. Un cofundador del proyecto fue el locutor Nicholas Witchell, quien había estado intrigado por el lago durante más de veinte años.

Al explicar los detalles de los planes del proyecto en el Museo de Historia Natural de Londres, dijo Witchell; *"Cualquier referencia al lago Ness inevitablemente planteó la cuestión de 'Nessie'.* Nicholas continuó diciendo que el proyecto confrontaría el misterio del lago Ness abierta y objetivamente, pero que el Proyecto Urquhart 'no' pensaba que había un 'monstruo' en el lago, aunque parecía haber varias observaciones interesantes que aún no se han explicado.

. . .

Nicholas afirmó además que ningún estudio científico adecuado podría ignorar por completo la evidencia anecdótica de criaturas no identificadas. Pero no harían suposiciones sobre la causa o la naturaleza de estas observaciones, aparte de que investigarían el lago Ness en su totalidad.

Nicholas Witchell declaró; *"El Proyecto Urquhart tiene la intención de comenzar a trabajar en el verano de 1992, está planeando un programa de investigación de 3 a 4 años. Será adecuadamente financiado por patrocinio comercial. Se espera que la financiación supere los 2 millones de libras esterlinas".*

El lago Ness es el lago de agua dulce más famoso del mundo.

El Proyecto Urquhart fue la investigación científica que el lago había estado esperando durante generaciones, pues es un cuerpo de agua muy grande, muy profundo y muy oscuro. Su exploración fue una tarea enorme, tal vez el Everest de los noventa, pero es real que la manera de entender más sobre sus misterios fue entender más sobre todo su entorno.

. . .

Witchell, quien el año anterior, 1991, en una reunión sobre de qué se trataba el Proyecto Urquhart, declaró; *"el lago Ness no ha sido inspeccionado totalmente desde la primera década de este siglo (18 de enero de 1904) por dos hombres en un bote, uno de ellos era Sir John Murray, padre fundador de la oceanografía británica, pero el único equipo que tenían era un peso y un largo trozo de cuerda de piano y una gran rueda de bicicleta a la que se le daba cuerda arriba y abajo a mano".*

"Sugiero que es hora de que tengamos un estudio hidrográfico adecuado del lago Ness. Así que tenemos el lago más grande de Gran Bretaña que nunca ha sido inspeccionado por técnicas hidrográficas modernas, nunca ha sido objeto de un estudio biológico exhaustivo, en términos sencillos, el lienzo está en gran parte en blanco".

"El Proyecto Urquhart cree que es hora de que los científicos, los geógrafos, los biólogos, los ingenieros y otros tengan la oportunidad de comenzar a trabajar en el lago Ness para extraer ese conocimiento y ayudarnos a comprenderlo finalmente. Creemos que la mejor manera de reconocer esa oportunidad y hacerla posible de

forma activa es aprovechar la fama popular del lago Ness, en lugar de pretender que no existe".

"... Este entorno plantea grandes desafíos para el científico, para el experimentador y para el explorador. También representa un desafío que nuestras tecnologías modernas aún tienen que dominar, el entorno del lago Ness, la mayor masa de agua dulce de Gran Bretaña. El lago Ness nunca ha sido explorado adecuadamente. Es simplemente uno de los últimos grandes hábitats naturales inexplorados del mundo, pero es mucho más que eso. El lago Ness permanece en la última década del siglo XX, un enigma extraordinario que definitivamente se 'burla' de esta era de alta tecnología."

"En los años noventa, el lago Ness era un problema tan provocativo y un desafío tan grande como el Everest en los años cincuenta. Goza de índices de reconocimiento extraordinariamente altos en los principales mercados del mundo. Es una de las principales atracciones turísticas de Escocia, sólo superada por Edimburgo en poder de atracción y atrae a dos millones de visitantes al año de todo el mundo. Se estima que estos visitantes tienen un valor de unos 25 millones para la economía local y representan 2500 puestos de trabajo..."

. . .

"… Su ecología y sus ecosistemas no son bien entendidos. Su población animal nunca ha sido completamente analizada. Solo en los últimos años se ha establecido que una gran cantidad de Salvelinus alpinus vive a profundidades considerables. Algunos se han capturado a 700 pies (213 metros) y solo recientemente se ha iniciado un estudio limitado del plancton en el lago que demuestra que se pueden encontrar nuevas especies en el lago".

"El último descubrimiento de un anfípodo nunca se ha registrado en un lago escocés. Recientemente también se ha descubierto una especie de platelminto que no se conocía anteriormente fuera de América del Norte. De hecho, se sabe muy poco sobre el lecho del lago y su composición y biología. No se ha llevado a cabo una extracción sistemática de muestras del lago a largo plazo".

"No hay información completa disponible sobre la textura del fondo del lago, ni el perfil de los lados empinados del lago. Incluso se disputa la profundidad máxima del lago. Durante muchos años se creyó que la profundidad era de 754 pies (230 metros), sin embargo, en 1969 se informó que un submarino en miniatura bajó a 820 pies (250 metros) y registró 975 pies (297 metros) en su sonda de profundidad. Sin embargo, tal lectura nunca se ha repetido".

"El agua del lago está enturbiada por partículas de turba

suspendidas. A 50 pies (15 metros) el agua es opaca, mientras que más abajo el agua negra y turbia hace que cualquier tipo de exploración o filmación sea extraordinariamente problemática. El lago Ness es oligotrófico, es decir bajo en nutrientes con una baja productividad de materia orgánica. Los estudios de lagos oligotróficos profundos como el lago Ness son extremadamente raros".

Nicholas Witchell pasó a discutir en esta reunión más sobre lo que el Proyecto Urquhart esperaba lograr durante el verano de 1992: establecer qué especies habitan en el lago y en la medida de lo posible las pautas de comportamiento de estas especies. Publicar, con fines educativos, un mapa y un gráfico mural del lago, ilustrando su ecología, fauna y posiblemente su historia.

Se buscaba generar un sistema de información geográfica, idealmente en videodisco, que ilustrara la ecología y la fauna completas del lago. También buscaba aprovechar el atractivo del lago para jóvenes y educadores, y explotar su valor como herramienta educativa y de formación, y con este fin, involucrar a organizaciones benéficas y organizaciones apropiadas de formación y educación para jóvenes.

. . .

El sonar sería una herramienta principal del programa de investigación submarina en lago Ness. Se utilizaría en una variedad de formas para una serie de propósitos diferentes: para realizar el levantamiento hidrográfico y mapear el lago, como un componente importante del estudio de la población de peces, para establecer la existencia y la frecuencia de grandes 'contactos' o actividades 'inusuales' y para identificar cualquier patrón o consistencia.

El proyecto Urquhart trabajó en estrecha colaboración con empresas como Oceanscan de Aberdeen y Simrad de Noruega. Simrad es uno de los líderes mundiales en tecnología de sonda para pesca, alta mar y defensa. Así, se desarrollaron planes detallados para una serie de "cortinas de sonar" que se colocaron en el lago para monitorear los movimientos bajo el agua.

Estas puertas de sonar proporcionarían una imagen sin precedentes de la actividad desde la superficie del lago hasta algunas de sus áreas más profundas. Los conjuntos de sonares y los dispositivos de activación, en muchos casos, se desarrollaron especialmente para el Proyecto Urquhart.

Se estableció que, dependiendo de los resultados obtenidos por sonar en las primeras etapas del proyecto, las etapas posteriores podían involucrar fotografía y videografía utilizando fotogrametría de última generación y otras técnicas de bajo nivel.

El proyecto estuvo en contacto con algunas de las empresas líderes en estos campos y también contó con el asesoramiento de *Marty Klein Associates*, una de las principales autoridades mundiales en desarrollo y aplicación de sonares.

Este proyecto en particular ciertamente no iba a ser una expedición nocturna, sino que se perfilaba como uno de los estudios más grandes (si no el más grande) del lago Ness jamás realizado y se obtuvieron algunos resultados sorprendentes.

. . .

La Leyenda de 'Nessie', el sitio web definitivo y oficial del Monstruo del Lago Ness, nos dijo que Simrad viajó casi 500 millas en total a través del lago y usó el último sistema de franja multihaz EM-1000 que envió 120 señales de sonar a la vez en una bandeja debajo del barco y realizó un total de 7 millones de sondeos.

Además, se encontró una nueva profundidad máxima un par de millas al norte de Invermoriston. Tenía 786 pies en comparación con la profundidad de 754 pies encontrada por John Murray justo al sur del castillo de Urquhart. El Proyecto Urquhart también disipó los rumores de cuevas o túneles en el lago (no se encontró ninguno).

La exploración adicional del lago mostró que los lados del lago eran en parte muy empinados. Una línea de 'objetos' apodados las huellas, por Simrad, se encontró en el suelo del lago que va desde Foyers hasta Fort Augustus, estaban separados por aproximadamente 60 metros.

. . .

Las expectativas eran altas de encontrar algo muy inusual cuando se envió un pequeño submarino operado por control remoto que estaba equipado con una cámara de video para observar una de estas "huellas"; pero como todas las cosas, la ciencia tiene una manera de mostrar que no todo es lo que parece, porque lo que resultó ser esta huella de sonar, no era más que una gran carretilla de metal.

Después de algunas investigaciones adicionales en la parte superior, se pensó que estas huellas de sonar que habían recogido en el suelo del lago eran objetivos de calibración colocados por el Ministerio de Defensa para probar el sonar. Esto fue cuando el sonar estaba en su infancia y los científicos usaban el lago Ness para las pruebas.

El sitio web *The Legend of 'Nessie'* nos dice además que en julio de 1993 el barco de investigación Calanus de 65 pies y su barco de apoyo Seol mara llegaron al lago Ness y realizaron y utilizaron algunos de los dispositivos de muestreo y sonar de detección de peces más sofisticados jamás vistos en un lago interior de agua dulce antes.

. . .

Y aquí es donde se pone interesante, porque lo que descubrieron es que el lago Ness no actuó como esperaban y varias características inusuales, incluso después de más investigaciones, aún no pudieron explicarse.

Por ejemplo, la investigación descubrió que el extremo norte del lago era más productivo que el extremo sur porque albergaba una población más densa de fitoplancton (vegetación microscópica) e incluso los peces eran más abundantes en el extremo sur del lago.

Los sentimientos del Proyecto Urquhart eran que esto podía deberse a las corrientes de agua profundas en el lago que los llevaban hacia el extremo sur o posiblemente que el zooplancton podría estar alimentándose de material que había sido arrastrado por los ríos que ingresan al lago en Fort Augustus.

Probablemente, uno de los principales descubrimientos en el lago Ness realizado por el Proyecto Urquhart no fue, lamentablemente, la propia 'Nessie', ¡sino un gusano! Parte del cometido del Museo de Historia Natural era tratar de encontrar animales microscópicos en el lago. Ahora, el gusano nematodo se puede encontrar en todas partes del mundo, desde los océanos hasta la arena, desde el suelo y los sedimentos, y se puede encontrar igualmente en los tejidos de las plantas y los animales.

En solo una de las muestras principales que realizó el Proyecto Urquhart, se encontraron 274 gusanos nematodos que cubrían 27 especies diferentes y uno de estos gusanos era totalmente nuevo para la ciencia. Si bien el descubrimiento de este nuevo gusano provocó una gran emoción en el equipo del Proyecto Urquhart, se emocionaron igualmente cuando su sofisticado sonar hizo contacto con una serie de "contactos" grandes que no podían explicar.

El sitio web *Legend of 'Nessie'* nos dice que el martes 28 de julio de 1992, alrededor de las 7 p.m., uno de los barcos del Proyecto Urquhart, el Simrad, se dirigía hacia el sur entre Foyers e Invermoriston. Durante este viaje, su sonar de seguimiento automático se fijó en un objetivo que continuó rastreando durante unos 2 minutos.

Uno de los científicos del Proyecto Urquhart, un caballero llamado Thor Edland, estaba a cargo del sonar en ese momento y describió este 'contacto' como un eco muy fuerte en comparación con los rastros de peces que habían estado registrando anteriormente.

Esos no iban a ser los únicos 'contactos' de sonar buenos y altamente inusuales que hizo el Proyecto Urquhart porque durante algunos barridos del lago en 1993, se hicieron otros cuatro contactos de sonar en medio del agua.

Birnie Lees, que era la ingeniera sénior de Simrad y estaba a cargo de observar todos los rastros inusuales del sonar, declaró a los medios que se trataba de "objetivos fuertes de alto valor". De los cuales uno en particular era, como ella dijo, "demasiado grande para ser uno de los peces conocidos de los lagos". Por lo tanto, estaba claro que el lago Ness estaba a la altura de su reputación como un lago que claramente guardaba un secreto, pero hasta el momento, el Proyecto Urquhart aún no podía definirlo.

. . .

En cuanto a la población de peces del lago Ness, el informe del Proyecto Urquhart afirma que la cantidad de peces de aguas abiertas es "incapaz de soportar una población de depredadores". Dicho esto, descubrieron que había áreas cerca de las desembocaduras de los ríos donde sus pruebas de ecosondeo mostraron un número muy alto de peces.

Posteriormente, se reconocieron como burbujas de gas metano que se elevaban de la vegetación en descomposición. En 1993, en un discurso ante la Royal Geographical Society, el profesor Gwynfryn Jones del Proyecto Urquhart descartó la posibilidad de grandes depredadores en el lago Ness basándose simplemente en el recurso alimentario del lago (peces). Sintió que la población de peces era insuficiente para alimentar a una familia de grandes 'criaturas' vivientes desconocidas.

Lo peor estaba por venir, allá por el año 2000, Nicholas Witchell, quien fue parte integral en la elaboración del Proyecto Urquhart, anunció que no creía que existiera un monstruo en el lago Ness. Ahora bien, si ha cambiado de opinión desde entonces, no lo sabemos, pero parece que, aunque el Proyecto Urquhart rastreó y registró varios grandes 'contactos' de sonar desconocidos en el lago Ness, su estructura de creencias en cuanto a que se trataba de una criatura viviente había disminuido tanto que le dio poca importancia a que ya fuera una especie desconocida.

Durante el Proyecto Urquhart descubrieron que el lago tenía 786 pies de profundidad, 36 pies más profundo de lo que se creía originalmente (¡aunque hay personas con la seguridad de que es más profundo que eso!). Se piensa que, si hicieran una prueba más hoy, podrían encontrar profundidades mayores. Se tomaron siete millones de sondeos de eco increíbles del lago.

El Sr. Rip Hepple informó que hubo una presentación titulada 'Las profundidades ocultas del lago Ness' junto con una recepción en la *Royal Geographical Society* de Londres el miércoles 28 de octubre de 1992. Fue realizada por el proyecto Urquhart en conjunto con Simrad como escaparate de algunos de sus hallazgos de la primera fase de su investigación a largo plazo en lago Ness.

Había unas 130 personas allí, entre ellas, casi dos docenas de periodistas de toda Europa de países como Francia, España, Italia, Países Bajos, Noruega, Norteamérica y Japón, así como del Servicio Mundial de la BBC.

Entre los resultados de la primera fase se encontraba el mapa tridimensional del lago y el hecho de que era más profundo de lo que se pensaba originalmente. La asamblea fue recibida por Nigel de Winser, director adjunto, quien dio una bienvenida especial a John Bartholomew, presidente de la *Royal Scottish Geographical Society* y nieto de John George Bartholomew, quien produjo el gráfico original en 1907.

Dijo que, como miembro del consejo de administración del Proyecto Urquhart, tuvo el privilegio de subir a bordo del MV Simrad y presenciar la tremenda colaboración entre la tecnología del Mar del Norte y las ciencias naturales.

. . .

Luego pasó a Nicholas Witchell como presidente del Proyecto Urquhart para que comenzara la presentación. Nick le agradeció a él y a la RGS (Royal Geographical Society) por organizar la velada y luego agradeció a los ayudantes, amigos y partidarios del Proyecto Urquhart, entre ellos la Asociación Biológica de Agua Dulce, el Museo de Historia Natural, la RGS y la sociedad de Tecnología Subacuática.

Continuó diciendo que era hora de alejarse de la imagen unidimensional del lago Ness y que ahora era posible ingresar a un lago Ness tridimensional con la ayuda de la tecnología moderna. Es un hecho que el lago es el cuerpo de agua dulce más grande de Gran Bretaña, dijo Nick.

Se mostró un video de 15 minutos, 'Proyecto Urquhart', se mencionaron los objetos misteriosos que se ubicaron en un camino regular a través del suelo del lago como 'peldaños' a una distancia de 60 a 70 metros. No habían sido identificados positivamente, pero la explicación favorable es que son objetivos de sonar, probablemente colocados por el Ministerio de Defensa a principios de la década de 1960 para la calibración y precisión de las mediciones de sonar.

También se incluyeron algunas secuencias de video del ROV (vehículo operado a distancia) desplegado para observar a uno de ellos que yacía en aguas poco profundas. A medida que se acercaba al fondo, pudieron ver que los propulsores perturbaban el sedimento y luego una sección de la red que no les gustaba a los operadores de ROV.

Sin embargo, el hecho de que la red estuviera allí indicaba que tenía que haberse enganchado en algo. Se probó otro enfoque y se encontraron más redes. Esto fue cuidadosamente sondeado y se estaba investigando fácilmente. Resultó ser fibra y no alambre.

Se hicieron más progresos, lo que dio como resultado que se viera una característica similar a una zanja poco profunda y luego se vislumbrara el objetivo. Sin embargo, no fue posible un examen minucioso, la red sigue siendo una preocupación y la única descripción que se puede dar es que el objeto tiene una forma cilíndrica. Incluso el tamaño era incierto.

El Proyecto Urquhart tuvo 191 sondeos, más profundos que la mayor profundidad conocida anterior de 754 pies encontrada en 1903.

Uno muestra una lectura de 846 pies, pero necesitaba más investigación del área general. No encontraron evidencia de cuevas o túneles, solo lados empinados y un fondo plano.

El mapa submarino se construyó utilizando 300 mil de estas lecturas de sonar. Se dice que los expertos de la Oficina Hidrográfica del Ministerio de Defensa están considerando modificar las cartas oficiales para incorporar la nueva información.

Nick Witchell luego dijo que el Proyecto Urquhart continuaría en 1993 pero necesitaba apoyo. Estuvieron en conversaciones con compañías de televisión en el Reino Unido, Estados Unidos, Japón y otros lugares para investigar la posibilidad de producir documentales, ya que existe un gran potencial educativo en el trabajo en el lago Ness.

Citó al profesor Gwynfryn Jones, director de la Asociación Biológica de Agua Dulce, quien dijo: *"la exploración del lago Ness es potencialmente uno de los estudios de este tipo más emocionantes que se han llevado a cabo en Gran Bretaña en los últimos años. Es difícil imaginar que no aparecerán algunas especies nuevas para la humanidad.*

No debemos descartar la posible importancia de tales nuevos descubrimientos".

Nick mencionó que el gran objetivo que había sido rastreado durante dos minutos por el equipo de Simrad dejó en claro que, incluso después de un estudio más profundo, nadie podía estar seguro de qué era lo que devolvía tales resultados.

En una carta a Rip Hepple, Nicholas Witchell dijo que el punto principal de la encuesta de 1992 hasta el momento era que encontraron una profundidad máxima de 239,5 metros o 786 pies. Esta profundidad se registró en 57.1349 N. 14.33 45 W, que está a un par de millas al noreste de Invermoriston.

En abril, el Inverness Courier publicó un pedido de ayuda para Bob Manson, gerente de marketing de Simrad. Preguntaba si alguien podía dar una respuesta al misterio de los 'peldaños' descubiertos en 1992. La teoría del objetivo del sonar había sido investigada y aunque el Departamento de Agricultura y Pesca dijo que había puesto algunos objetivos en el lago, estaba en el otro extremo.

En respuesta a eso, un lector de Courier, el Sr. David Ross, de 85 años, escribió para decir que estaba seguro de que eran minas de la Primera Guerra Mundial arrojadas en el lago. Recuerda que cuando tenía diez años, su hermano mayor, que sirvió con los Lovat Scouts durante la guerra de 1914-18, le dijo que habían arrojado minas en el lago. Tuvieron tantas después de la guerra que no sabían qué hacer con ellas, así que las unieron en una cadena y las tiraron por la borda (¡presumiblemente después de sacar los explosivos!).

. . .

Hugh Gray, al que se le atribuye haber tomado la primera fotografía del monstruo, estaba a bordo de un barco que había intentado recuperar minas del lago en 1922. Estas habían sido colocadas por el HMS Welbeck en 1918. Todo lo que encontraron fueron amarres. Las minas, con una vida útil diseñada de solo unos pocos años, probablemente estaban en el fondo.

Esto fue seguido por una carta de Keith Bryers, dijo que la Marina de los EE.UU. tenía una base de ensamblaje de minas en Clachnaharry desde la primavera de 1918 que se utilizó como instalación de apoyo en las operaciones masivas de colocación de minas en el norte del Mar del Norte. Las minas se ensamblaron en una tarifa de hasta 6,000 por semana.

El Sr. Bryers sospechaba que al final de las hostilidades habría grandes existencias de minas en todas las etapas de ensamblaje para eliminar, y la Marina de los EE.UU. estaría ansiosa por regresar a casa. Entonces, tal vez tirarlas en aguas profundas lejos de las rutas de navegación comercial parecía ser una opción aceptable.

. . .

Bryers dijo que los recuerdos del Sr. Ross se relacionaban con su comprensión del método de colocación de campos de minas en el fondo del mar generalmente utilizado en la Primera Guerra Mundial. Las minas colgaban de los elevadores de una cadena de tierra colocada en el fondo. La cadena con las minas adheridas rodando desde una rampa en la popa del buque de colocación de minas.

Él dice que las aguas escocesas se utilizaron nuevamente para arrojar ordenanzas navales y militares no deseadas después de la Segunda Guerra Mundial. También se arrojaron minas frente a las Islas Crowlin y grandes cantidades de armas químicas frente a las Hébridas en las décadas de 1940 y 1950.

5

Historias curiosas y más avistamientos

El Sr. Roland O. Brian tuvo un excelente avistamiento de 'Nessie' el 10 de agosto de 1993. Vio una espalda de pie a unos cuatro pies de distancia de la bahía en Dores Bay. Rolland pescaba todas las noches del verano desde el anochecer hasta las 2 o 3 de la mañana en el extremo Foyers del pueblo y lo había hecho durante unos 10 años.

En esta noche, Roland estaba esperando a un compañero de pesca, pero comenzó a pescar desde la orilla debajo de la señal de tráfico de 30 mph en el extremo Foyers del pueblo. Después de unos diez minutos, algo captó el rabillo de su ojo. Al principio no le prestó ninguna atención real, pero su comportamiento le hizo mirar de nuevo.

El hombre vio una gran joroba oscura a unas 500 yardas de la costa que se dirigía hacia la boya en Dores Bay.

Por el tamaño de la boya, Roland estimaría que lo que vio tenía entre 8 y 10 pies de largo. Estaba a unos 4 pies fuera del agua en su punto más alto, lo que la hacía más alta que la boya.

Se movió rápidamente durante unos cinco minutos y parecía estar salpicando mucho frente a él. Volvió a detenerse por tercera vez, a unas 50 yardas de la boya. Luego se detuvo, pareció dar la vuelta y luego regresó. Luego se hundió en el lugar sin dejar rastro.

Roland no estaba asustado, solo estaba rígido y no estaba seguro de qué hacer. Luego, después de aproximadamente un minuto, la criatura volvió a aparecer.

No hubo gran conmoción, se movió razonablemente lento hacia él en ángulo.

La forma era la misma que antes, se veía bastante voluminosa. Nadando hacia atrás desde la boya, llegó a unos 350 metros de Roland. Lo volvió a ver durante unos cinco minutos. Aproximadamente a la mitad del segundo avistamiento, hubo un gran chapoteo junto a la joroba. El chapoteo continuó durante un par de minutos y luego volvió a hundirse. Y de nuevo no dejó rastro.

Roland tuvo una vista desde la tribuna durante algo así como diez minutos con excelente visibilidad y con el lago en calma.

Había estado observando el lago Ness durante unos diez años y había visto algo dos veces antes, pero nunca algo como esto.

Cualquier conversación sobre troncos, perros, ganado o ciervos nadando era una tontería para Roland. Lo que él vio era grande y capaz de pasar de estar parado a extremadamente rápido en segundos.

No solo eso, sino que cuando giró, le pareció ver algo ligero. Parecía haber una parte inferior más clara en la criatura.

La experiencia del testigo, el tamaño de la joroba junto con el tiempo que estuvo a la vista durante dos períodos hacen de este un avistamiento excepcional. Este es un avistamiento extraordinario. Pero tenemos que aceptar el testimonio de este testigo y aceptar que no miente. Después de haber pescado en el lago Ness durante unos diez años, se diría que este tipo sería un buen testigo, ya que es consciente de los estados de ánimo del lago, las aves acuáticas, etc. que viven en él. Aquí había algo diferente, algo excepcional, algo que se salía de la norma.

No hace falta decir que miles de cámaras de televisión han recorrido el lago durante muchos años en busca de 'Nessie'.

Muchos documentales de televisión buenos (y muchos malos) se han emitido en todo el mundo y brindan a sus espectadores la historia y el misterio que es el lago Ness.

En 1993, una compañía de televisión llamada Discovery Communications llegó al lago Ness, que tenía más que ver con la ecología real que con la búsqueda del escurridizo monstruo en sí.

Sin embargo, ese programa descubrió algunos hallazgos sorprendentes que mostraron claramente al mundo que el lago Ness era un lugar mucho más extraño de lo que todos pensábamos.

El equipo de investigadores que formaba parte de ese programa descubrió una nueva especie de nematodos y peces.

Los nematodos son muy difíciles de distinguir ya que se han descubierto más de 28.000 especies diferentes de las cuales dicen que 16.000 son parásitos. ¡El número total de especies de nematodos se ha estimado en 1 millón!

· · ·

Los nematodos tienen sistemas digestivos tubulares con aberturas en ambos extremos. Los investigadores también esperaban encontrar una población limitada de peces en el lago, pero se quedaron atónitos cuando descubrieron que, lejos de una pequeña población de peces en el lago Ness, había una "abundancia" de peces en el lago.

Normalmente, cuando se arrastra el lago Ness en busca de peces, se esperaría obtener un par de peces en la red, pero el equipo de televisión obtuvo nueve en una captura, lo que aumentó las estimaciones anteriores de la población de peces del lago en unas nueve veces (aunque claramente, esto no concuerda con lo que encontró el Proyecto Urquhart en su estudio del lago).

El Scottish Sunday Mail publicó una página completa sobre la 'bestia' favorita de Escocia en su edición del 2 de mayo de 1993 debido al hecho de que ' Nessie' había cumplido 60 años. Los reporteros Peter Samson y Jim Lawson afirman que oficialmente 'Nessie' fue vista en 1933, por lo que tendría 60 años.

. . .

Por supuesto, la leyenda de 'Nessie' se remonta más atrás, a la época de San Columba, como ya hemos dicho en este libro.

Este artículo estaba repleto de hechos históricos habituales y avistamientos que se han escrito sobre 'Nessie' a lo largo de los años y no trajo nada nuevo a la mesa.

Por su parte, Graham Wall, un ex policía de Foyers, tuvo un interesante avistamiento bajo el que aseguró que 'Nessie' fue presenciado en el 17 de junio de 1993 a las 20:15 horas.

Graham conducía alrededor del lago todos los días y en esta ocasión se acercaba a Dores desde Inverness. Podía ver el lago a través de un hueco entre los árboles ya su derecha había una boya negra en Dores Bay.

A unos 400 metros de él y unos pocos metros a su izquierda, había un "algo" que se movía hacia la izquierda aproximadamente al suroeste. En este punto,

Graham redujo la velocidad para ver mejor este "algo" y, recortado contra el sol, vio lo que parecía ser un cuello delgado con lo que parecía una cabeza en la parte superior.

En comparación con la boya, estimó que tenía entre seis y siete pies de altura y estuvo a la vista durante unos 20 segundos antes de perderlo de vista detrás de los árboles. Mientras conducía a través de Dores Village, se detuvo en la última casa de Foyers Road, donde al mirar a través de los árboles vio anillos concéntricos a unos 50 metros de la costa, como si algo se hubiera sumergido.

También hubo una perturbación en el agua que se extendía hacia la boya. El lago esta noche estaba en calma y el clima era claro, cálido y tranquilo. Para Graham, fue fácil imaginar lo que había visto esa noche.

El testimonio de los testigos es crucial para comprender qué hay detrás de este elusivo misterio, pero ¿cuánto valor podemos darle al testimonio de los testigos?

Cuando obtienes testimonios de testigos independientes provenientes de dos testigos separados y desconocidos entre sí, bueno, eso lleva ese avistamiento en particular a un nivel diferente.

Tomemos, por ejemplo, el avistamiento de James McIntosh y Edna MacInnes. El *Sunday Mail* escocés del viernes 25 de junio de 1993 dijo a sus lectores que James MacIntosh, jefe de transporte de Inverness, podía confirmar el avistamiento de 'Nessie' de otro testigo, Edna MacInnes, porque vio lo que ella vio el mismo día y en el mismo lugar.

La historia cuenta que una joven madre, Edna MacInnes y su novio David Mackay, ambos de Inverness, afirmaron haber visto el monstruo del Lago Ness durante 10 minutos asombrosos (lo que probablemente sea un récord mundial, ya que los avistamientos de 'Nessie' generalmente duran solo unos pocos segundos).

Edna, de 25 años, declaró que vio al monstruo de 40 pies nadar, con un cuello largo como de jirafa y luego desapareció en las profundidades del lago. Este, por cierto, fue el primer avistamiento importante del año. Edna fue citada en la prensa diciendo; *"era de un color marrón muy claro. Lo podías ver muy claro.*

Me asusté cuando la corriente de su estela lamió la orilla, pero seguí corriendo detrás de ella. En el momento en que se sumergió debajo de la superficie, estaba corriendo tan rápido como podía."

Este no fue un avistamiento de cerca de 'Nessie', lejos de eso, ella lo vio desde aproximadamente una milla de distancia, pero aun así parecía enorme. Edna luego corrió a lo largo de la orilla en un intento de seguir el ritmo de 'Nessie'. Pero la historia no termina ahí. Ella y su novio corrieron a buscar una cámara y binoculares a la casa de un pariente cercano y regresaron al lago.

No mucho después de regresar al lago, tuvieron otro avistamiento. Esta vez la criatura estaba a solo 20 pies de la orilla. Con gran expectación y con gran expectación, David intentó fotografiar a 'Nessie'. Lamentablemente, no tuvo éxito y las fotografías resultantes solo mostraban una estela, pero ningún monstruo.

. . .

Claramente, se había visto algo grande cuando Edna dijo que la estela del 'monstruo' o lo que sea salpicó en la playa. Parece increíble que durante el tiempo que vio inicialmente este 'algo' estaba, dice, a una milla de distancia, pero cuando consiguió estos binoculares estaba a solo 20 pies de la orilla (no sabemos cuánto tiempo pasó para conseguir los binoculares). ¡Debe haber sido un nadador muy rápido!

Más tarde esa misma noche, James MacIntosh de Inverness regresaba de un viaje de pesca con su hijo de 13 años, también llamado James, cuando James Jr. vio el objeto por primera vez y le dijo a su padre: *"Papá, eso no es un bote, es el monstruo"*.

El hombre estaba concentrado en su conducción, pero miró por encima del lago y de repente vio esta enorme cosa marrón viviente con un cuello como una jirafa y un largo cuerpo marrón salir a la superficie y dejar una estela detrás de ella. Para él, fue una experiencia espeluznante.

. . .

La criatura estaba nadando bastante rápido alejándose de la orilla en ese momento. Cuando James escuchó que Edna también lo había visto, apenas podía creer lo que escuchaba. Entonces, dos testigos que vieron lo que podría haber sido uno de los Monstruos del Lago Ness en el mismo lugar en diferentes momentos del día, ¿era 'Nessie' o podría haber sido otra cosa? ¡Sorprendentemente, de todos los recortes de periódicos y búsquedas en Internet, no ha sido posible identificar en qué parte del lago Ness ocurrieron estos avistamientos reales!

El sábado 31 de julio de 1993, el periódico *Scottish Sun* publicó una gran historia sobre dos niños que fotografiaron lo que creen que era uno de los Monstruos del Lago Ness. *The Sun* publicó la fotografía de los niños diciendo que habían pagado 'una fortuna' por ella y que habían usado computadoras para tratar de mejorar la fotografía, pero después de hacerlo, en realidad no les dijo mucho.

Dos amigos, Andrew Wallace (14) y Miles Dillon (16) estaban en una expedición de observación de 'Nessie' como parte de un proyecto escolar. Habían estado en el lago Ness en un lugar de picnic cerca del pueblo de

Dores durante dos días y no había visto nada, hasta que un miércoles por la mañana alrededor de las 07:30 después de haber sido despertados de su tienda por el flagelo de los mosquitos de Escocia, decidieron levantarse y hacer una fogata en la orilla.

Mientras estaba sentado al lado del lago mirando casualmente a través de él, Andrew vio una conmoción en el agua. Se lo explicó al Sol de la siguiente manera; *"Vi esta joroba y le dije a Miles, '¿qué diablos es eso?' Corrí a nuestra tienda y agarré mi cámara y una cámara de video que habíamos alquilado. Tomé tres fotos con mi cámara y luego se las entregué a Miles. Probé la cámara de video, pero las baterías estaban gastadas y no funcionaba. Vimos lo que sea que se aceleró a través del agua."*

"A veces iba a unas 15 millas por hora. Luego se detuvo y se hundió. Pensé que lo habíamos perdido, pero de repente apareció de nuevo y se arremolinaba y chapoteaba por todo el lugar como si estuviera jugando.

En un momento pareció volcarse provocando una gran ola de unos dos pies de altura. Lo observamos durante unos 15 minutos, pero se alejó y luego desapareció".

Ambos muchachos de Culbokie, cerca de Inverness, dijeron que inicialmente estaba a solo 300 yardas de distancia y que era marrón y tenía la piel suave. Nunca vieron una cabeza o una cola, solo una joroba. Adrian Shine, que nunca está lejos de una historia como esta, fue buscado por el periódico Sun para ofrecer sus sentimientos sobre la evidencia más reciente y dijo que sí, de hecho, algo se mueve a lo largo de la superficie del lago Ness, pero sin un examen experto de los negativos originales no pudo decir qué era.

El padre de Andrew también declaró al Sun que creía firmemente en el testimonio de ambos niños y que eran niños sensatos. Parece muy extraño que este avistamiento haya durado tanto. Se ha dicho a lo largo de este libro que los avistamientos de 'Nessie' por lo general duran solo unos segundos o tal vez unos minutos, pero 15 minutos es sin duda mucho tiempo en el lago.

. . .

No solo eso, uno podría imaginar que, debido a este período de tiempo, otras personas también deben haberlo visto. Porque podemos estar todos de acuerdo en que el lago Ness es el lago más visitado del mundo y está siendo examinado constantemente todos los días.

Es cierto que era temprano en la mañana y podría no haber mucho tráfico en la carretera, pero, ¡también dicen que provocó una gran ola de unos dos pies de altura! Ahora es cierto que son solo niños pequeños y su estimación de altura que probablemente podamos aceptar podría no ser correcta.

También dijeron que el color de esta 'criatura' era un marrón brillante, ¿podría haber sido una foca marrón? Nuevamente, debido a que probablemente nunca antes habían estado en el lago Ness, cualquier cosa que hiciera una 'conmoción' en la superficie del lago podría haber sido malinterpretada como el 'monstruo'. Las altas expectativas y el deseo de ver a la criatura serían una prioridad en su agenda. ¿Pero era uno de los verdaderos 'monstruos'? Supongo que nunca lo sabremos.

. . .

¿Está la pobre 'Nessie' muriendo de hambre? Este fue el interesante titular del *Scottish Daily Record* de agosto de 1993. Según una tal Dianne Hewitt, investigadora que trabajaba para un canal de televisión por cable estadounidense, si existía un monstruo, no era posible que estuviera comiendo, pues en el lago no había suficiente vida vegetal o animal para sustentar un ser vivo grande, de acuerdo con la mujer, que estudió una pequeña parte del lago.

Ahora, aquí estaba el problema. La prensa se la pasaba buscando historias o cualquier noticia/chisme sobre el lago Ness para llenar sus columnas y apareció esta mujer con una declaración como esa, diciendo que un lago de 24 millas no era capaz de sostener una población de peces lo suficientemente grande como para alimentar a una criatura de un tamaño considerable. Por supuesto, los hallazgos del Proyecto Urquhart desmintieron esto.

Desde los días de Frank Searle y el Dr. Robert Rines con sus expediciones al lago Ness, 'Nessie' no había logrado aparecer en la portada de un periódico nacional, pero lo consiguió. Llegó a la portada del *Scottish Sun* el sábado 7 de agosto de 1993.

Los titulares dijeron que dos amigos John Otto (29) y Neil McLennan (38) de Aberdeen estaban reclamando £50,000 de los corredores de apuestas William Hill debido a una apuesta que habían hecho en 250-1 sobre científicos que encuentran "cualquier criatura viva no identificable" en el lago Ness. ¿Y adivina qué? Es cierto que se encontró algo, no el Monstruo del Lago Ness, ¡sino un pequeño gusano!

Lamentablemente para los dos amigos expectantes, William Hill les dijo que fueran y saltaran al lago, ya que no les pagarían. William Hill, los corredores de apuestas, afirmaron que, aunque estos gusanitos nunca se habían visto antes, "habían" sido identificados como una especie de criatura conocida como nematodo, y que, dijeron felizmente, acabaron con la apuesta.

Por supuesto, estos dos amigos no iban a dejar sus ganancias tan fácilmente y rápidamente buscaron luchar por lo que creían que era suyo, su premio de

50.000 libras esterlinas. Y alguien que sabía sobre estas cosas (nematodos y similares) fue el experto Fred Wanless, quien fue citado diciendo: *"estoy 99% seguro de que esta especie es nueva para la ciencia. Creo que estos muchachos podrían tener la razón en algo. De hecho, desearía haber puesto algo de dinero en esto yo mismo"*.

Pero William Hill no cedió, no tenían nada de credibilidad y su portavoz Grahame Sharp declaró al periódico Sun; *"No puedo entender la redacción de los hombres, porque al usar la palabra 'no identificable' nunca podrían ganar. No se ha encontrado nada que no pueda ser identificado. Nuestra apuesta siempre fue que encontraran a 'Nessie'. No nos importaba si tenía solo un centímetro o una milla de largo, siempre y cuando los científicos dijeran que era 'Nessie'"*.

En ese momento, los ánimos se estaban calentando un poco, lo cual es comprensible cuando alguien estaba listo para sacar una alfombra de £50,000 de debajo de sus pies. Descontento, Neil le hizo a William Hill un breve reclamo diciendo*: "no puedo creer que William Hill esté siendo quisquilloso con esto. ¿Quieren decir que incluso si se encontrara a 'Nessie' dirían que ella había sido identificada y que* *no podíamos ganar el dinero? Cuando dijeron no identificable, entendimos que significaba un tipo de criatura nunca antes vista".*

Su amigo John también se apresuró a poner su remo y fue citado diciendo: *"Si encontraran a un hombre del espacio exterior, podría ser identificado como un hombre del espacio exterior, y aun así no ganaríamos. No parece muy justo".* En realidad, es fácil sentir pena por estos dos hombres que de buena fe hicieron esta apuesta en la sucursal de Aberdeen de William Hill en el entendimiento de que el museo británico de historia natural no podía identificar una nueva especie de 'criatura' o 'criaturas' en el lago Ness.

Es increíble pensar que había un límite de tiempo de un año establecido por William Hill y que estaba a punto de agotarse y no fue hasta que los hombres vieron una noticia en SKY TV sobre una nueva especie de gusano que se acababa de encontrar en el lago Ness que decidieron actuar.

Pero, ¿qué pasa con estos pequeños gusanos nematodos? Bueno, los tipos que los descubrieron fueron el Dr. John Lambshead y su colega Fred Wanless a 70 pies bajo el agua. Participaban en el Proyecto Urquhart y, durante su propia búsqueda en partes del suelo del lago, extrajeron 23 especies diferentes de gusanos, de los cuales, según Lambshead, eran posiblemente los animales más importantes de la creación.

Pero lo que es más importante (más aún para los dos hombres en el centro del debate sobre si lograrían ganar la apuesta o no) fue la declaración de Fred Wanless lo que realmente aumentó las esperanzas de los dos hombres de ganar la apuesta. Porque Fred declaró que "no podía identificar a la criatura y que necesitaba realizar más pruebas para determinar completamente qué era".

Continuó diciendo que para identificar una especie de nematodo tienes que tener un macho y muchas de las especies no tienen un macho. Las hembras, dijo, se reproducen solas, lo que lo hace muy difícil.

La historia concluyó con el periódico Sun pasando el caso al Defensor del Pueblo de las casas de apuestas, el

Servicio Green Seal. Entonces, ¿cuál fue el resultado de este caso? Bueno, sería grandioso poder decirlo, pero en realidad, no se sabe. Nunca existió una actualización del periódico para esta historia.

Se piensa que ambos hombres deberían haber ganado el dinero ya que lo que se encontró en ese momento fue, seamos honestos, una criatura sin identificar previamente. Simple y llanamente. Puede que no haya sido 'Nessie', pero al final del día era algo que ni siquiera los expertos podían identificar, por lo que ambos hombres deberían haber sido £50,000 más felices.

"Explosión del ritual pagano de 'Nessie'". Así se leía el encabezado del Scottish Daily Record del 4 de septiembre de 1993. Justo cuando pensabas que las cosas no podían ponerse más extrañas, aparece un pagano que sacrifica una estatua de la Virgen María en las orillas del lago Ness (esto no podría ser inventado).

Aparentemente, este extraño ritual fue realizado en las orillas del lago Ness por un artista bávaro, Andreas

Tschinki de 27 años, quien en ese momento en particular estaba realizando una exposición de sus pinturas en el Festival de Edimburgo. En su entrevista con el Daily Record, dijo que era un intento de rendir homenaje a lo que describió como el 'Rey Serpiente del Inframundo' que creía que habitaba el lago y explicaría todos los extraños avistamientos de 'Nessie' a lo largo de los años.

En cuanto a la ceremonia en sí, se dice que usó una cabeza de toro cortada con una estatua de la Virgen María atada a la boca de la bestia muerta. No hace falta decir que esto generó consternación en muchos sectores, uno de los cuales fue el padre Tom Connelly de la Arquidiócesis de Glasgow, quien se apresuró a criticar este acto despreciable diciendo que era (en sus palabras) un "culto blasfemo al diablo".

Bueno, tal vez la gente no iría tan lejos como el padre, pero ciertamente fue una acción sumamente bizarra. Dijo un portavoz de la galería que exhibía las pinturas de Tschinki en Edimburgo que nadie quiso ser ofensivo en el uso de la estatua de la Virgen María. De hecho, lo que esto hizo sin duda fue atraer a más asistentes a la exposición de arte del Asesino de la Virgen

María en Edimburgo. En cuanto a la pobre 'Nessie', bueno, no se inmutó y vivió para pelear otro día.

Otro titular dramático (si no es que tonto) del periódico Scottish Sun del 15 de diciembre de 1993 fue: "He atrapado a 'Nessie' (¡los expertos de *The Sun* dicen que es un Frankfurter!)". Ahora, antes de entrar en el informe de prensa propiamente dicho, la gente se pregunta por qué la mayoría de las personas no acuden a los periódicos o a los medios de comunicación cuando han visto algo extraño, ya sea un OVNI, un fantasma o un avistamiento del Monstruo del Lago Ness. La respuesta es: por reportajes como este que toman en ridículo al testigo y los hace parecer tontos.

No se puede culpar a nadie por no acudir a la prensa para informar sobre su propia experiencia extraña cuando leen algo como esto. Podemos estar bastante seguros de que la señora que pensó que había tomado una foto del Monstruo del Lago Ness, se arrepintió del día en que habló con el periódico Sun.

. . .

No había autor para este artículo, que solo atribuía el escrito a un reportero del periódico *The Sun*.

El artículo versaba sobre que, una noche, una fan de 'Nessie' afirmó que había tomado la mejor foto del Monstruo en décadas. Helen Gowers consideraba que su foto "mostraba claramente" a una criatura con un cuello largo y una columna vertebral levantada deslizándose en el agua.

La mujer había entregado su preciado complemento a los expertos de 'Nessie' y esperaba ser aclamada como una heroína nacional, de acuerdo con el periódico. Sin embargo, un panel de expertos de The Sun afirmó que Helen, madre de dos hijos, tendría que ser un monstruo loco delirante para creer que ha captado a 'Nessie' en pleno desarrollo.

Uno de sus científicos dijo: *"Puedo entender por qué algunas personas pueden encontrar esta imagen un poco sospechosa, parece un eglefino muerto"*. Otro profesor universitario lo respaldó, pero admitió que la Sra. Gowers podría encontrar su camino en los libros de registro, diciendo que "parecía que había visto la salchicha de Frankfurt más grande del mundo".

Otro importante profesor de Glasgow afirmó que se podría llamar a la Asociación Escocesa de Fútbol para identificar el objeto viscoso. Él dijo; *"La Sra. Gowers pudo haber tomado la última foto de Gordan Petric del Dundee United ahogándose en la saliva de Ian Ferguson".*

Pero la limpiadora Helen, de 44 años, que tomó la foto mientras estaba de vacaciones en su casa en Kirkham Lancs (Inglaterra) estaba en un estado de ánimo desafiante.

Ella insistió en que su foto tomada con una cámara de 35 mm mostraba al Monstruo del Lago Ness.

Helen dijo; *"Tomé la foto a unos 20 pies del borde del agua, no pensé mucho en eso hasta que regresamos a casa y revelamos la película. Mi hijo Jevon lo miró y gritó 'hemos atrapado a 'Nessie'. Ciertamente me parece un monstruo, y si no lo es, ciertamente había algo extraño allí ese día".*

. . .

The Scottish Sun mostró una copia de la foto de Helen con este impactante intento de periodismo y, si puedes imaginar la foto del Dr. Rines en los años 70, bueno, es algo así, pero con la aleta muy estrecha rodeada de un fondo oscuro. Este miembro o apéndice o lo que fuera, parecía estar unido a un cuerpo más grande, si es que era un cuerpo.

Entonces, ¿debería haber esperado que The Sun tratara a un miembro del público de esta manera que solo se acercaba a ellos con una posible fotografía de 'Nessie'? Puede que sí. Solo se puede esperar que quienquiera que haya escrito esa historia sepa ahora tratar con un mayor a las personas y a sus ideas, independientemente de su opinión personal sobre el tema.

"Fracaso monstruoso": este era el encabezado del Scottish Daily Record del 31 de julio de 1997 donde el artículo de Bill Mowat decía que dos niños, Andrew Wallace y su amigo Myles Dillon de Inverness estaban en una expedición de observación de 'Nessie' llevando una cámara y una videocámara al lago con la esperanza de un avistamiento, ¡y lo consiguieron!

Después de un comienzo desafortunado cuando su videocámara se negó a funcionar mientras detectaba una formación de olas en V en el lago, rápidamente respondieron a su cámara y lograron disparar rápidamente un par de tiros antes de que la ola desapareciera.

Aparentemente, Fleet Street estaba pidiendo a gritos las fotografías de los niños y se estaban vendiendo ofertas de hasta £5000. Sin embargo, no se recibió dinero, ya que cuando las fotografías explotaron no mostraron nada concluyente y no eran las fotografías definitivas de los Monstruos del Lago Ness.

Se citó a Adrian Shine diciendo que las fotografías mostraban claramente una onda, pero eso podría haber sido cualquier cosa. El padre de Andrew fue citado diciendo; "Definitivamente hay algo en las fotos, pero no me gustaría jurar que es el monstruo", y se citó al propio Andrew diciendo que él y su amigo vieron muchas salpicaduras en el agua y sabían que no podía haber sido una nutria porque no podía moverse tan rápido. Así que nada concluyente allí.

Como sabemos, hay literalmente miles de periódicos en todo el mundo que han comentado sobre el enigma del Lago Ness, algunos son bastante fácticos, mientras que muchos simplemente toman el micrófono. Uno de esos periódicos que, si no pudiera obtener los titulares, simplemente los inventaría fue el *America's Weekly World News*, el heraldo de la verdad y la justicia.

Weekly World News fue un tabloide de noticias en gran parte ficticio que se publicó en los Estados Unidos entre 1979 y su cierre en 2007. Era famoso por sus historias sobre lo paranormal y lo sobrenatural. Titulares como *'Encontrado jardín del Edén', 'Batboy vive', 'Encontrado dragón infantil', 'Monstruo cerdo gigante mutante ataca a Georgia'. "Si alguien me llama y dice que su tostadora le está hablando, no lo remito a ayuda profesional, digo, 'pon la tostadora en el teléfono'"*.

No era de extrañar entonces que el famoso atractivo turístico de Escocia eventualmente estaría sujeto al ingenio y el humor de este periódico. El Scottish

Sunday Mail del 10 de mayo de 1998 mostró una fotografía submarina de un buzo acariciando la cabeza de 'Nessie' segundos antes de que se lo tragara.

El titular de la historia fue; *'Nessie' aparece para un bocado subtitulado (¡debe ser cierto que los yanquis lo dicen!) de un buzo mientras recopilaba pruebas sobre su existencia.* Todo esto sucedió en abril de 1998, dice el periódico. El periódico dice que el ataque fatal tuvo lugar cerca de la orilla este del lago.

El supuesto testigo Kyle Gibbons fue citado diciendo: *"parecía muy gentil como una vaca marina, y supongo que Garry pensó que era seguro"*, continuó Kyle afirmando que 'Nessie' se tragó el brazo de su colega antes de devorar su pierna y que lo azotó en sus fauces como un muñeco de trapo.

Kyle agarró a Garry por la cintura y lo llevó pataleando hacia la superficie, pero los paramédicos no pudieron salvarlo.

. . .

No hace falta decir que esta historia fue tratada con el desprecio que se merece. El sargento Simon Fraser de la Policía del Norte se apresuró a criticar esta historia al decir que no tenían registros de muertes que involucraran a miembros del público y al Monstruo del Lago Ness.

La cosa es que historias como esta, todavía venden para los periódicos. The Weekly World News vendió muchas copias de historias locas sobre Elvis trabajando en un supermercado local a un autobús de Londres que se encontró en la Luna.

Esta no fue la primera vez que un periódico sensacionalista basado en Estados Unidos dio una absurda historia sobre el Monstruo del Lago Ness. En agosto de 1993, el Florida Sun dijo a sus lectores que en realidad había capturado al Monstruo del Lago Ness el 7 de agosto en lo que describieron como una "operación secreta".

Se decía que guardias armados patrullaban y protegían una cueva en el lago Ness de miradas indiscretas. La historia se vuelve aún más tonta cuando el periódico afirma además que es posible que hayan cometido un error fatal. Creen que han enojado a los parientes de 'Nessie' y que la familia de 'Nessie' ahora busca venganza.

En una declaración aún más dramática, el periódico continúa afirmando que el gobierno británico ha emitido órdenes estrictas para mantener esto en secreto y que nadie puede acercarse al lugar sin la holgura más alta.

Afortunadamente, una voz de la razón resonó en los cables de prensa cuando se citó a Betty Gallagher, curadora del Centro de Exposiciones del Monstruo del Lago Ness en ese momento, diciendo: *"Es estiércol periodístico. 'Nessie' está viva y bien y vive en el lago Ness. No puedo creer que los estadounidenses y los canadienses puedan ser tan crédulos"*.

Cosas como esta siguen siendo parte de la historia del lago Ness y, como tal, el hecho de que sea una tontería no significa que la historia se descarte. 'Nessie' es un gran negocio que vende camisetas, tazas, paños de cocina y mucho más. Una industria casera ha crecido alrededor del Monstruo.

Siempre obtendrás historias extravagantes sin importar cuál sea el fenómeno extraño. Sucede con Pie Grande, sucede con los ovnis y, como hemos visto aquí, le sucede a nuestro propio Monstruo del Lago Ness. Como en la tonta historia anterior sobre 'Nessie' comiéndose un buzo, los jefes de periódicos salen a vender periódicos y su línea de pensamiento es que, si no puedes obtener los titulares, ¡inventalos!

El lago Ness ha tenido un maravilloso Centro de Exposiciones de 'Nessie' con sede en el Drumnadrochit Hotel durante muchos años, pero necesitaba actualizarse y, después de una 'renovación' en junio de 1999, abrió sus puertas al público en general como la Exposición Loch Ness 2000.

Este centro costó £1 millón.

. . .

Fue inaugurado por el famoso explorador Ranulph Fiennes, pero hoy en día se conoce como el Centro de Exposiciones del Lago Ness y cuenta con una variedad de equipos que se han utilizado en la caza de los Monstruos del Lago Ness. La Exposición examina engaños, fotografías y mucho más.

Como dijo el explorador Ranulph Fiennes, quien abrió el centro, tomará años resolver este misterio, pero si los expertos pudieran reducir el lago a una sección en particular, sería grandioso participar. Una de las cosas más fascinantes es que el misterio de 'Nessie' no ha cambiado en 50 años. Nadie ha probado que exista o no.

Sería maravilloso pensar que había algo misterioso allí. Quién sabe, en los próximos años quizás nos despertemos y descubramos que sí. Ranulph para aquellos que no saben, también ha cazado a Pie Grande y el Yeti en sus viajes alrededor del mundo.

Una historia interesante sobre uno de los Monstruos del Lago Ness que fue respaldada por evidencia en video y fue entregada al Scottish Daily Record, quien hizo una historia sobre él en su edición del jueves 10 de septiembre de 1998, es aquella que cuenta que una familia inglesa, los 'Mitcheson', estaban de vacaciones en el lago Ness, donde tuvieron la suerte de ver a la legendaria bestia y, como tenían una cámara de video cerca, lograron filmar algunas imágenes antes de que desapareciera.

Navegaban en un barco cerca del castillo de Urquhart cuando el mecánico de motores Geoff, de 42 años, de Newcastle, estaba filmando a su esposa Miriam, de 39 años, cuando notó algo con el rabillo del ojo. Rápidamente se olvidó de Miriam y giró la cámara en dirección a un agua ondulante.

Para su total asombro, vio una especie de criatura nadando justo por encima de la superficie del lago durante al menos veinte segundos antes de volver a sumergirse bajo el agua y desaparecer. Tanto Geoff como Miriam, junto con su hijo de ocho años, Craig, realmente creían que habían visto uno de los monstruos del Lago Ness.

. . .

Geoff declaró al Daily Record: *"Antes era escéptico, pero ahora estoy convencido de que hay algo ahí. Nunca he visto algo así. Nos sentimos afortunados. Ni siquiera íbamos a venir este fin de semana"*, y su hijo de ocho años, Craig, dijo*: "parecía que tenía una cabeza grande. No creo que se coma a la gente, creo que es un monstruo amigable"*.

Garry Campbell, quien dirigía el club de fans del Monstruo del Lago Ness en ese momento, dijo que había mostrado las imágenes al Zoológico de Edimburgo y ellos también pensaron que era una foca, pero que realmente no pudieron confirmarlo debido al movimiento inusual de la cabeza de esta criatura.

El propio Garry fue citado diciendo*; "el Zoológico de Edimburgo no podía decir con certeza que era una foca y eso es suficiente para mí. Si fuera una foca, más gente la habría visto. El video de Geoff es tan claro que podrías identificarlo incluso si fuera una foca, un perro o un buzo submarino. Este video es tan bueno como parece"*.

The Daily Record declaró que este fue el séptimo avistamiento de 'Nessie' ese año. Como suele ser el caso con los periódicos, siempre les gusta obtener una segunda opinión sobre las cosas, por lo que buscaron al naturalista Chris Packham, quien miró el video y rápidamente dijo; *"No puedo creer que sea el monstruo. Para mí es muy claramente una foca. Las focas, los delfines y las marsopas pueden ingresar al lago desde el Canal de Caledonia y el río Ness. Pero todos son visitantes. El lago no puede sustentar a una criatura tan grande, no hay suficientes peces. El comportamiento sugiere que era una foca y la forma en que se movía a través del agua sugiere que era una foca"*.

No se puede negar que 'algo' está empujando el agua hacia adelante y que 'parece' haber una cabeza al frente de esta pequeña ola de proa en el video de Geoff. Solo se suma al creciente peso de los testimonios y las imágenes de video que rodean el enigma del lago Ness.

Cada vez más personas poseen una cámara de video y las ventas de dichos equipos crecen cada año. No se puede negar el hecho de que, si algo emocionante se mueve en estos días, sin duda terminará siendo filmado y terminará en YouTube.

. . .

Esto es bueno para 'Nessie' cuando decide hacer una aparición ocasional, y si hay alguien allí con una cámara de video, sin duda tendrá la oportunidad de filmarla; eso es exactamente lo que le sucedió al pescador Frank Wilson que estaba despierto en el lago Ness junto con su amigo William McLean y los dos hijos de Willie, Joe de 19 años y Alistair de 14.

El periódico Scottish Sun del martes 10 de septiembre de 1996, en un artículo escrito por Chris Clark, informó a sus lectores que Frank Wilson, un ex soldado de Cowdenbeath, se asombró al ver aparecer una joroba y luego una aleta en el lago cerca de donde estaban pescando en Invermoriston.

Frank fue citado diciendo que los muchachos de Willie escucharon un fuerte silbido a 100 metros de la orilla. Vieron algo moverse rápidamente a través del agua, era grisáceo con dos jorobas y una cola. Debía haber viajado 300 yardas antes de desaparecer. Nunca antes había sido creyente, pero ahora 'sabía' que hay algo ahí abajo.

· · ·

Su amigo William de Bournemouth declaró; *"Fue bastante notable que parecía una serpiente enorme. Todavía no puedo creerlo"*.

Frank continuó diciéndole al Sun que estimó que la 'criatura' medía alrededor de 40 pies de largo y en realidad se movía hacia uno de los niños en un lúgubre movimiento cuando de repente desapareció en el agua.

Al final del día, tenemos que tomar testimonios y pruebas en video como esta con una pizca de sal, ya que es posible que hayan visto a 'Nessie', ¡pero igualmente pueden haber visto algo más! El lago Ness no es el único lago en Escocia que supuestamente alberga un monstruo, otro lago escocés, el lago Lochy también se dice que alberga una criatura similar al Monstruo del Lago Ness, por ejemplo.

El lago Lochy está a unas diez millas del lago Ness y es el tercer lago más profundo de Escocia con una profundidad de 230 pies y nueve millas de largo. *The Sunday Post* informó a sus lectores que el viernes 13 de septiembre, una combinación de personal e invitados en el

Corriegour Lodge Hotel, que tiene vista al lago, se sorprendieron al ver una 'criatura' de forma oscura de 12 pies que causaba una conmoción en la superficie.

La invitada Lindsey Burton de Hornchurch en Essex fue citada diciendo; "*Al principio pensamos que era un bote de remos volcado, pero luego comenzó a moverse hacia atrás y a dar vueltas en círculos y vimos que tenía tres jorobas. No se parecía a nada que hayamos visto antes*".

Otro testigo, Catriona Allen, de 21 años, estudiante de psicología en la Universidad de Aberdeen, que en realidad vio a esta 'criatura' a través de binoculares, declaró; "*Se movía como ningún otro animal marino que haya visto, y ciertamente no era una foca, una nutria, una marsopa o un delfín*". The Post completó su artículo afirmando que en julio de 1960 hubo informes de un 'Nessie' como criatura que también fue vista en el lago Lochy.

6

El gran engaño

Bien, despotricamos, pero pasemos a una historia que hizo estallar el mito del Monstruo del Lago Ness. Una historia que enviaría ondas de choque alrededor del mundo ya que una de sus famosas fotografías estuvo a punto de ser retumbada.

Señoras y señores, abróchense los cinturones, nos adentramos en la tierra del engaño.

1994 fue el año en que se produjo una de las mayores conmociones que jamás haya ocurrido en la saga del lago Ness. Durante años, esa icónica fotografía de cabeza y cuello conocida por muchos como la "Fotografía del cirujano" se tomó en 1934 y se presentó como la mejor fotografía jamás vista del Monstruo del Lago Ness, que ha aparecido y se ha presentado en innumerables libros, DVD, paños de cocina, postales y más.

Sin embargo, este material ¡fue descubierto como un engaño!

Dicen que cada imagen cuenta una historia y que una imagen vale más que mil palabras, y bueno, cuando se descubrió este engaño (porque era un engaño), generó reverberaciones en todo el mundo. ¡Guau, conmoción, horror, ayuda!

Sí, es verdad, la imagen que despertó miles de postales, la imagen que despertó el deseo de muchos jóvenes investigadores de ir al lago Ness y buscar a la 'bestia' resultó ser nada más que un submarino de juguete aparentemente comprado por unos pocos centavos en una tienda de Londres (FW Woolworth's) que luego se remató con una cabeza de serpiente hecha de madera plástica y lastrada con un trozo de plomo.

. . .

El Monstruo del Lago Ness

Pero, ¿cómo surgió este engaño? ¿Por qué alguien querría hacer algo así? Bueno, echemos un vistazo, ¿de acuerdo? Esta historia comenzó en 1933 cuando el Daily Mail hizo arreglos para que un famoso cazador de caza mayor, Marmaduke Wetherell, fuera al lago Ness y averiguara con certeza si había era un monstruo.

El hombre nunca encontró a un monstruo, pero lo que sí descubrió fue lo que afirmó ser, 'las huellas de Nessie que quedaron en la orilla del lago que aparentemente se dirigían de regreso al agua'. Desafortunadamente para Wetherell, una vez que los expertos investigadores del Museo de Historia Natural observaron cuidadosamente los moldes de yeso de las huellas, rápidamente concluyeron que todo lo que eran, eran moldes hechos con una pata de hipopótamo seca.

Con su reputación por los suelos, Wetherell pronto desapareció del lago, con el rabo entre las piernas y rara vez se lo volvió a ver. La fascinación del público británico por los monstruos del lago Ness se desvaneció, si no es que murió por completo. Sin embargo, no pasó mucho tiempo antes de que el enigma del Lago

Ness volviera a aparecer en los titulares de una manera en la que su popularidad aumentaría 100 veces.

Lo que estaba a punto de estallar en escena proporcionaría mucho dinero a la industria turística escocesa en los años venideros, ¡ciertamente hasta 1994! Todo comenzó cuando se entregó al Daily Mail una fotografía increíble que afirmaba mostrar la cabeza y el cuello que supuestamente era de uno de los monstruos del lago Ness, que parecía probar al 100% que 'Nessie' era el verdadero negocio, una criatura real, de carne y hueso, ¡y esta imagen lo demostró!

La historia cuenta que el Coronel Robert Wilson MAMB Ch.B. Camb, FRCS, un respetado cirujano británico, como muchos otros, había oído hablar de los monstruos del lago Ness y quería viajar al lago Ness y ver si él también podía ver al 'monstruo'.

Para su suerte, en la mañana del 19 de abril de 1934, mientras conducía a lo largo de la costa norte del lago Ness a unas dos millas al norte de Invermoriston y a unos 100 pies sobre el nivel del agua, dijo que observó algo que se movía en el agua.

Emocionado, detuvo su automóvil para ver mejor y se llevó consigo su cámara de cuarto de placa equipada con un teleobjetivo. Asombrado por lo que vio, logró tomar cuatro fotografías en el espacio de unos dos minutos antes de que la 'criatura' se hundiera bajo las olas. Sabía que había capturado algo extraordinario y cuando regresó a Inverness entregó sus cuatro fotografías a un químico local para que las revelara y luego las envió al Daily Mail.

Hay que decir que el Coronel Wilson nunca en ningún momento afirmó haber fotografiado a uno de los Monstruos del Lago Ness. Afirmó que todo lo que fotografió fue un objeto que se movía en la superficie del lago Ness. Esta fotografía icónica fue considerada como la mejor evidencia de la existencia de uno de los Monstruos del Lago Ness durante décadas.

Siendo el cirujano respetado que era, no quería que su sustento se viera afectado como el hombre que había fotografiado a 'Nessie', por lo que se acordó que esta foto siempre se conocería como 'La foto del cirujano'. Los creyentes creían mientras que los escépticos aún no estaban seguros: todavía sentían que esta foto era demasiado buena para ser verdad y el debate continuaba (incluso con una foto clara como esta, los escépticos todavía sentían que algo no estaba bien).

En 1972, la 'fotografía del cirujano' se envió a Estados Unidos para ser estudiada por los científicos de la NASA (Administración Nacional de Aeronáutica y del Espacio) que con su sofisticado equipo probaron las fotografías con un escrutinio cuidadoso. ¡Y su conclusión! Lo creas o no, después de ordenar las fotografías, ¡afirmaron que había signos definitivos de 'bigotes' colgando de la mandíbula inferior del animal!

Las conclusiones de la NASA solo agregaron más confusión a aquellos escépticos acérrimos que sintieron que no se podía confiar en la 'fotografía del cirujano'. Pasaron los años y no fue hasta 1984 que el escéptico escocés Steuart Campbell, tuvo la oportunidad de estudiar la fotografía y sintió que el objeto en el agua tenía aproximadamente un metro de largo y no era del tamaño monstruoso que se esperaba de la fotografía.

. . .

Escribió un artículo que apareció en el prestigioso British Journal of Photography donde decía que lo más probable que aparecía en la fotografía podría ser una nutria o un ave marina. Steuart no estaba convencido, para él todo parecía un engaño, pero tal como estaban las cosas, solo tenía un 50% de razón.

No era una nutria o un ave marina, era, como se dijo anteriormente, un submarino de juguete que estaba equipado con una cabeza de serpiente. Un nuevo giro en esta saga ocurrió en 1993 cuando un documental de televisión llamado *Loch Ness Discovered* estudió la fotografía y, para su sorpresa, descubrió que un objeto blanco era visible en cada una de las cuatro fotografías.

¡Conjeturaron que este 'objeto blanco' (fuera lo que fuera) era la causa de las ondas y que podría haber sido un objeto remolcado! Dicho esto, admitieron que podría ser una mancha en el negativo. Pero no solo revelaron esto, los expertos que estudiaron estas fotografías para este documental de televisión afirmaron que el objeto era bastante pequeño, de solo unos 60 a 90 cm (dos a tres pies) de largo.

. . .

El investigador y testigo del lago Ness, Tim Dinsdale, era un gran creyente en la 'Fotografía del cirujano'. Creía firmemente que lo que mostraba la fotografía era un animal real. No fue sino hasta 1994 que se abrió la tapa de esta historia.

La historia cuenta que Christian Spurling, antes de su muerte a la edad de 90 años, admitió que estuvo involucrado en la infame 'foto del cirujano'. Le dijo al investigador del lago Ness, Alistair Boyd, que tanto él como Marmaduke Wetherell, junto con el coronel Robert Wilson fueron contactados por Wetherell (su padrastro) que quería que él hiciera un modelo del monstruo del lago Ness.

Christian (el yerno de Wetherell) decidió hacer esto principalmente porque su suegro, Marmaduke Wetherell, había sido ridiculizado públicamente en el Daily Mail en 1933 por la falsa debacle del pie de hipopótamo. Era hora de vengarse.

Marmaduke Wetherell preparó el engaño que contó con la ayuda de su yerno Christian Spurling, quien era el hombre adecuado para el trabajo ya que era un especialista en escultura. Luego buscaron los servicios de un buen amigo, el cirujano Robert Kenneth Wilson, a quien le encantaban las bromas pesadas.

Era hora de enviar las fotos al Daily Mail. Esta vez no sería Marmaduke Wetherell el líder de este engaño elaborado, sería un hombre de carácter, un hombre en el que el público pudiera confiar, un hombre de gran integridad, y ese hombre, por supuesto, era Robert Kenneth Wilson.

Y así, no fue hasta 1994 que los investigadores del lago Ness, David Martin, un zoólogo, y Alastair Boyd finalmente lograron llegar a la verdad de la 'fotografía del cirujano'. Ambos hombres fueron citados en la historia que se dio a conocer al mundo y que apareció en el Sunday Telegraph de Londres del 12 de marzo de 1994.

Como se indicó anteriormente, hablaron con Christian Spurling justo antes de que muriera en el invierno de 1993, donde confesó su papel en el engaño. Además, la toma real de la fotografía que se reveló no fue tomada por Robert Wilson en absoluto, este fue el nombre que se le dio a los medios para crear una sensación de autoridad respetable.

La fotografía que se nos dice en realidad fue tomada por el hermanastro de Spurling, Ian Wetherell. El padre de Ian, Marmaduke Wetherell era, como hemos leído, el cazador de caza mayor que fue ridiculizado por el Daily Mail con la exposición de su engaño. Así que ahí lo tenemos, un engaño para rivalizar con los supuestos alunizajes falsos.

¿Se recuperaría alguna vez el lago Ness de la alfombra que le quitaron de los pies? ¿Fue este el final de Los monstruos del lago Ness? La respuesta, simplemente, fue que aquellos que creían seguirían creyendo y aquellos que eran escépticos seguirían siendo escépticos, así que el asunto volvía al punto muerto.

En todo caso, la exposición de la 'fotografía del cirujano' trajo un nuevo interés al lago y también una nueva generación de buscadores de 'Nessie'. Inmediatamente después de que se descubrió que la fotografía del cirujano era un engaño, 'Nessie' volvió a ser noticia.

El *Scottish Daily Record* del 15 de marzo de 1994 les dijo a sus lectores que el fotógrafo David Noble capturó una asombrosa pieza de video que él creía que era el Monstruo del Lago Ness. Fue filmado mientras conducía por el lado del lago el año anterior y su película de video mostraba una gran perturbación curva en el lago filmada desde solo 100 yardas de distancia.

Las personas que vieron las imágenes dijeron que era totalmente diferente a las muchas líneas rectas de los barcos que pasan y que habían engañado a turistas y cazadores de monstruos a lo largo de los años. David, que vivía en Inverness, declaró; "*Vi un disturbio, frené y saqué mi cámara de video. Realmente tenía los pelos de la nuca erizados. Siempre quise creer que había un monstruo, pero debido a todo el alboroto, cada vez que alguien produce una imagen, parece que es mejor mantenerlo en privado*".

7

Los viajes en submarino

Durante ese año, el Daily Record (el periódico más vendido de Escocia), reportó que había un submarino del Mar del Norte que estaba en el lago Ness investigando y tomando muestras del fondo del lago para determinar la edad real del lago Ness y básicamente aprender más sobre la composición del lago y mucho más.

Pero, con mucho, el aspecto más interesante de este artículo fue el hecho de que este submarino también estaba llevando a miembros del público bajo la superficie del lago Ness en este submarino por la pequeña suma de £68.50 por hora. Este precio ayudaría a financiar las actividades de los submarinos y aseguraría que tuviera suficiente combustible para mantener su presencia en el lago para las tareas que estaba realizando.

El submarino estaba equipado con potentes luces subacuáticas y grandes ventanales (similar a conducir un automóvil por la noche). Estas luces se usarían para seleccionar áreas de interés. El equipo de sonar, las cámaras de video y la instrumentación científica ayudarían a localizar y registrar cualquier objetivo inusual.

Cada inmersión submarina, decía el folleto, exploraría un área de la superficie de la Tierra que era poco conocida y, en muchos casos, nunca antes vista. El folleto continuaba diciendo que el submarino del lago Ness le daría a todo el mundo la oportunidad de explorar el "espacio interior" con total comodidad.

El paisaje submarino es inusual, con la pared profunda a poca distancia de la costa occidental, y siempre existe la emocionante posibilidad de avistar al misterioso 'monstruo'. No hace falta decir que, debido al hecho de que el submarino estaba en el lago Ness, hubo bastante interés en los periódicos asociados con él.

Se generó, por ejemplo, un estrafalario titular en el periódico *News of the World* del 27 de marzo de 1994 que se refería al submarino del lago Ness. Esta historia cuenta que el piloto de submarinos Alan Whitfield había recibido una petición de una pareja que quería casarse bajo las aguas del lago Ness en su submarino.

A Whitfield se le citó diciendo que estaría más que feliz de aceptar esta solicitud, pero que tendrían que conseguir que su propio ministro realizara la ceremonia. También dijo que tenían una reserva para una fiesta sorpresa de 55 años.

Cuando *News of the World* le preguntó si creía en un Monstruo del Lago Ness, respondió con un *"no sé si creo en un Monstruo del Lago Ness, pero sí creo que hay algo ahí abajo, aunque no sé qué es"*

. . .

El sitio web del Herald escocés del 29 de julio de 1995, generó también un artículo relativo a una de las inmersiones del submarino del Lago Ness. *"Gruñidos y gemidos provenientes de las profundidades del lago Ness han desconcertado al operador y al piloto de un minisubmarino. Los dejó preguntándose si era la primera vez que alguien escuchaba el sonido de 'Nessie'"*.

El artículo cuenta que estos ruidos fueron escuchados por los auriculares de sus aparatos de radio de comunicaciones, por el Sr. Bill Bolton en el submarino y por el jefe de la compañía, el Sr. Alan Whitfield, en la base del lado del lago del mini-submarino en el Clansman Marina, cerca de Drumnadrochit.

Los dos hombres escucharon los sonidos inexplicables durante media hora, que luego se desvanecieron. Habían sido captados en la misma frecuencia de radio en la que se han escuchado los 'sonidos de canto' de ballenas y delfines comunicándose, entre 10 y 17 Khz.

El Sr. Bishop dijo*: "frecuentemente escuché las llamadas de estos mamíferos marinos cuando realicé inmersiones en el Mar del*

Norte y en los océanos Atlántico y Pacífico, pero esto fue bastante diferente". Ciertamente plantea algunas preguntas muy interesantes, ¿no es así?

En ese momento, el mini-submarino estaba involucrado en una inmersión científica, recopilando datos y filmando imágenes de video de la estructura rocosa de un espectacular cañón submarino del lago Ness con paredes de acantilados de granito rosa de 350 pies de altura, que se encuentra debajo de la superficie de Abriachan.

Alan, nacido en Edimburgo, operaba el submarino del lago Ness y se encontraba ocupado con excursionistas que buscan una experiencia de vacaciones diferente en las Tierras Altas.

Bishop, que también operaba el submarino del lago Ness para visitantes, estimaba que los gruñidos y gemidos que escucharon en sus auriculares provenían de unos 500 pies debajo de la superficie.

. . .

El lago Ness tiene una profundidad máxima de casi 800 pies. Este fue el segundo año que el submarino del lago Ness estuvo disponible para viajes submarinos en el lago a £68 por pasajero. El buque construido en Canadá fue diseñado para rescatar tripulaciones de submarinos varados en el fondo del mar, y es capaz de descender hasta 1,000 pies.

El barco utilizaba potentes luces estroboscópicas para atravesar la penumbra submarina, pero apuntar los haces en la dirección general de la fuente de los sonidos no arrojó luz sobre el misterio. Algunos científicos han dicho que, si 'Nessie' existe, debe ser parte de una colonia de reproducción. Hacer lo que viene de forma bastante natural podría ser una explicación para los sonidos.

Hubo un informe en un periódico estadounidense, que se vende en los supermercados, que afirmaba que 'Nessie' había sido capturada por una expedición científica británica utilizando una gran red. Incluso utilizó fotomanipulación para 'probar' que la historia era cierta.

. . .

El Monstruo del Lago Ness

Una de las historias más interesantes sobre el minisubmarino en el Lago Ness procedía del periódico Scotsman del 1 de julio de 1994, con el titular de "El lago Ness alberga el tesoro del bolso español perdido".

Se refería a una de las historias de objetos perdidos más sorprendentes jamás registradas. La historia comienza cuando el turista español Gasper Sagrista Carner visitó el lago Ness en 1980, donde decidió ir en el barco de recreo Scott 11 del lago Ness. Desafortunadamente para Gasper, accidentalmente dejó caer su bolsa de cuero que contenía varios de sus objetos de valor por el costado del bote y cuando regresó a la orilla rápidamente denunció la pérdida a la policía (¡lo que esperaba que hiciera la policía local al respecto es una incógnita!).

De todos modos, avancemos 14 años y tenemos el mini submarino Swatch en el lago Ness. Ahora, mientras el submarino llevaba a los visitantes al fondo del lago, a 450 pies, Bill Bolton, un miembro de la tripulación del submarino, alertó a su patrón Gordon Swindells, de 53 años, que era el piloto del submarino en esa inmersión, que había algo inusual acostado en el suelo del lago.

. . .

Rápidamente usaron el brazo robótico del submarino que agarró este paquete hundido y lo llevó de vuelta a la superficie. Un policía local, Ian MacDonald, fue llamado a la base del submarino en Clansman Marina para tratar este caso inusual de propiedad perdida y tomaron medidas para devolver los artículos perdidos a su legítimo propietario.

Dentro de esta bolsa encontraron una combinación de cosas como un pasaporte, una tarjeta comercial, llaves de la casa y un juego de llaves para un automóvil con registro T de una empresa de alquiler de automóviles británica. La búsqueda estaba en marcha, ¿quién podría haber perdido este tesoro hundido?

Afortunadamente, había un nombre y una dirección en esta bolsa empapada de agua y decidieron ver si podían localizar al propietario. Después de algunos comienzos en falso (ya que el caballero se había mudado de casa), finalmente lo rastrearon a través de su hermana y se citó al Sr. Carner.

. . .

El hombre dijo *"cuando recibí la llamada telefónica simplemente no podía creer lo que escuchaba. Estoy completamente estupefacto. Es absolutamente increíble que me devuelvan mis cosas"*. Algunos billetes de banco estaban secos y aún eran legibles y un bolígrafo que también se encontró en la bolsa todavía funcionaba.

Y como muestra de buena voluntad a la luz del funcionamiento de la pluma, los fabricantes de la pluma enviaron al Sr. Carner sus últimos productos.

¿No es una historia maravillosa? En todo el lago de 24 millas, este mini submarino localizó una pequeña bolsa de unos pocos pies de largo y la reunió con su sorprendido propietario.

En la edición del 20 de noviembre de 1994 del Scottish Daily Record (de la sección *Look*), se informó que Andy Collier planteó la pregunta: '¿Está 'Nessie' hambrienta?'. Basó esta declaración en el informe reciente de los científicos (más aún Adrian Shine) que afirmaron que debido a que no hay suficiente comida en el lago, entonces 'Nessie' no podía existir.

• • •

Esto se produjo en la parte posterior de un estudio de cuatro años en el lago. Basaron sus cálculos en las poblaciones de peces y dijeron que solo podía haber entre una y 20 toneladas de peces en el lago de 24 millas. Puede parecer una gran cantidad de peces, dijeron, pero para alimentar a una población de grandes depredadores (y estiman que, si hubiera algo en el lago Ness, tendría que haber al menos 10 de ellos), entonces eso todavía no es suficiente para alimentar con los peces a una familia de 'monstruos'.

Los científicos también descartaron que el 'monstruo', si lo hubiera, 'no' sería un anfibio simplemente porque no hay anfibios marinos. Descartaron a los reptiles como candidatos simplemente debido a las temperaturas frías del agua del lago que harían imposible la reproducción. También descartaron a los mamíferos nuevamente por el simple hecho de que un mamífero necesitaría salir a la superficie para respirar regularmente y, como tal, la criatura se vería con más frecuencia.

• • •

El siguiente en ser descartado como candidato fue el pescado. Los peces dan a luz a una gran cantidad de crías y seguramente serían capturadas por los pescadores. En general, Adrian Shine creía que la gran mayoría de los avistamientos de 'Nessie' eran solo ilusiones ópticas y que aquellos que eran testigos de ver una serpiente marina de 'múltiples jorobas' en realidad solo veían los restos de las estelas de los barcos, además de los avistamientos de la cabeza que él creía que podrían bien ser de ciervos nadando en el lago y con el reflejo del sol en el agua bien podía dar la ilusión de otro tipo de criatura.

En cuanto a las fotografías de 'Nessie' que se han tomado a lo largo de los años, Adrian se apresuró a derribarlas en llamas diciendo que la mayoría de ellas eran falsificaciones. A pesar de todo eso, Adrian dijo que "esperaba estar equivocado" diciendo que sería bastante divertido si realmente se viera algo caminando por el río Ness hacia el lago, y que le encantaría.

Al final del día, estos eran los muchachos que estaban en el suelo, por así decirlo (o más bien en el agua), no fue un estudio de 4 semanas, fue uno de 4 años del cual podemos estar seguros de que cubrieron y observaron todos los ángulos. Y si bien es genial tener la esperanza de que haya una criatura desconocida que habita en uno de los lagos de Escocia, debemos aceptar a aquellos que parecen saber lo que hacen.

En 1997, el Proyecto Lago Ness, que trabajaba junto con Simrad, utilizó cámaras de televisión en color para volver a explorar los hábitats del lago, descendieron a una profundidad de 230 metros.

En las primeras semanas de julio de 1997, Matt Bendoris, periodista del periódico Scottish Sun, se puso en contacto con Malcolm Robinson.

Matt hizo la siguiente pregunta por teléfono: "*Malcolm, hipotéticamente, digamos que recibirías más de un millón de libras para probar la existencia del Monstruo del Lago Ness, ¿cómo harías para probarlo?*" Malcolm le respondió a Matt que, curiosamente, tenía una idea para una trampa de 'Nessie' con la que había estado dando vueltas durante más de un año y continuó explicándole a Matt cómo funcionaba esta trampa y lo que pensaba sobre el Monstruo del Lago Ness.

. . .

Parecía todo un misterio en general. De todos modos, Matt pidió ver los dibujos lineales de la trampa y Malcolm se los envió a su oficina en Glasgow. No escuchó nada durante una semana más o menos y luego se quedó absolutamente estupefacto por un artículo de página completa en el periódico Scottish Sun con fecha del sábado 19 de julio de 1997.

El titular era: 'Spielberg quiere ayudar a capturar a 'Nessie'', subtitulado, 'Él respalda Trampa de monstruos', exclusiva del periódico Sun. De acuerdo con el artículo, el magnate del cine Steven Spielberg se uniría a un cazador escocés de 'Nessie' en un audaz intento por capturar un dinosaurio REAL.

Spielberg, cuya nueva película de 47 millones de libras, *Jurassic Park the Lost World*, se había acabado de estrenar, se conectaría con su compañero aficionado a los dinosaurios, Malcolm Robinson.

De acuerdo con el Sun, Robinson envió planos de su elaborada trampa 'Nessie' a la sede de la compañía Dreamworks de Spielberg en Los Ángeles y prometió: *"Dame una décima parte del dinero que gastaste en Lost World y te daré a 'Nessie' en una bandeja".* Y Spielberg estaba considerando seriamente el Proyecto 'Nessie'.

El mundialmente famoso director había estado fascinado por los dinosaurios desde que era un niño y siempre creyó que Escocia tenía a uno vivo. *"El Monstruo del Lago Ness ha sido un pasatiempo mío durante años (...) he estado considerando formas de demostrar su existencia al mundo y para mi propia gratificación personal, pero tendría que ser un método que no dañara a la criatura en cualquier modo".*

El artilugio de Malcolm para atrapar al monstruo se vería como un ring de boxeo con cables conectados a cuatro pilares a 50 pies de distancia que se hundirían en el lecho del lago. En los cables habría pequeñas esferas circulares de las que sobresaldrían dardos. Estos dardos tendrían un transmisor de radio adjunto.

Dentro del ring de boxeo habría un pilar giratorio gigante que dispensaría pasta de pescado en el lago y, con suerte, atraería lo que sea que estuviese allí para nadar a través de los cables. A medida que 'Nessie' avanzara a través de los cables hacia la comida, los dardos se clavan en su cuerpo y les permitirían rastrearla desde un bote. Los dardos no dañarían a Nessie, serían dentados como un anzuelo para mantenerlos en su lugar.

De acuerdo con Malcolm, al seguir a 'Nessie' podrían señalar exactamente dónde estaba y dejar caer una cámara de video encima de ella cuando dejara de moverse. Esto daría una prueba de que ella existía, y obtener una imagen también permitiría obtener una estimación precisa de su longitud y peso.

La teoría más popular es que ella es un plesiosaurio, un dinosaurio extinto que vivía en el mar. El lago Ness es un lago de agua dulce, pero hace millones de años estuvo abierto al mar antes de que se cerrara aparentemente para capturar a los animales con una pequeña cabeza asomando de las turbias profundidades. Esto se relacionaría con los fósiles del animal marino prehistórico. Su cuerpo podría imaginarse ancho y compacto con grandes remos y el plesiosaurio habría arrojado su cabeza y dientes afilados como una honda a su presa.

. . .

El intento más exitoso de probar que algo estaba allí abajo fue la Operación Deep Scan, realizada 3 años antes: los barcos barrieron el lago con escaneos de ultrasonido y rastrearon un objeto en movimiento de 30 pies de largo. Se zambulló hasta el fondo del lago y desapareció. Pero con transmisores de radio conectados al cuerpo de 'Nessie, entonces no la perderían de vista.

Podía sonar ridículo, pero para Malcolm era probablemente la idea más segura que se había creado en todos esos años. Y sonrió: "*Si se cae de bruces, estoy seguro de que con todo su dinero Spielberg podría permitirse drenar el lago Ness para encontrar a este monstruo*".

Había una serie de declaraciones falsas en el artículo del periódico Sun. Sin embargo, la idea de trampa de Malcolm sí se asemejaba a un un ring de boxeo (pero mucho más grande), con la excepción de que las cuerdas serían de cables de acero de los cuales, unidos a ellos estarían una serie de bolas esféricas que contendrían dardos de radiobiopsia.

. . .

Ahora, dentro de este anillo de cable y esferas habría un dispositivo, un dispensador si se quiere pensar así, que liberaría puré de pescado. Esto estaría produciendo constantemente puré de pescado que esperaba atrajera a 'Nessie' a la trampa.

Así que podemos imaginar la escena: cuando 'Nessie' detectara este puré de pescado, se dirigiría hacia él, y cuando su gran cuerpo entrara en contacto con la trampa del ring de boxeo, y empujara contra los cables para alcanzar este puré de pescado, tan pronto como a medida que entraba en contacto con los cables, estos cables soltarían un pasador de mecanismo en las bolas esféricas que liberarían estos dardos de radiobiopsia lanzándolos en todas direcciones y, por supuesto, una buena proporción de ellos se clavarían en 'Nessie'.

Ahora, estos dardos tranquilizantes dejarían inconsciente a 'Nessie', por lo que un buzo o un pequeño submarino robótico se sumergirían y tomarían imágenes de la criatura. Dependiendo de la profundidad, los buzos, o los cables de un submarino enano, colocarían cables alrededor del cuerpo de 'Nessie' y un bote que tendría una grúa de elevación, levantaría lentamente a 'Nessie' a la superficie.

Así que este era el plan que Malcolm sentía que era una idea viable para capturar a cualquier criatura grande en el lago.

Lamentablemente todo esto nunca sucedió. El hombre nunca tuvo noticias de Steven Spielberg y la historia pronto fue noticia de ayer.

Parece que 'Nessie' está protegida por una ley de Inverness antigua en la que cualquiera que la mate o lastime podría ser multado o encarcelado, así que tal vez fue mejor que Malcolm no lograra hacer despegar su proyecto.

8

Las posibilidades

Sin duda podemos decir con seguridad que "hay" algo en el lago Ness, de eso no hay duda. Lo que está en cuestión es si lo que hay en el lago Ness vive bajo la superficie del lago Ness o ¡sobre ella! Con eso se quiere decir que hay más de una posibilidad de que "algo" esté en Loch Ness.

Decir que es un 'monstruo' es totalmente acientífico y en este capítulo aprenderemos de las muchas otras explicaciones 'alternativas' que tenemos para probar y descubrir al verdadero candidato a los Monstruos del Lago Ness.

. . .

Las posibilidades son enormes: bien podría ser una criatura no identificada, sí, pero relacionada con aquellos animales que ya se encuentran en nuestro día a día. Esto es, como aves acuáticas, anguilas, focas, pescados, nutrias, morsas o incluso ciervos.

Y, por otro lado, también existe la posibilidad de que se hayan confundido a objetos inanimados con una criatura misteriosa. Por ejemplo, se podrían confundir árboles, ondas y estelas en el agua, estelas de barco, e incluso, ilusiones ópticas causadas por el viento, la refracción, la temperatura e incluso espejismos.

Se han analizado una serie de contendientes para lo que podría estar en el lago Ness, ¿alguno de ellos es el correcto? No existe ninguna duda de que puede haber otras formas alternativas de quizás explicar a 'Nessie' como un gran truco publicitario quizás basado y alimentado por todo lo anterior.

Por ejemplo, si viajas a Estados Unidos para visitar la casa de Elvis Presley, te encontrarás con el *Elvis Presley Boulevard*, que está repleto de recuerdos de Elvis, desde plásticos tambaleantes cantando Elvis hasta platos de Elvis, etc. Por supuesto que Elvis era real, pero la gente está "aprovechando" la muerte de este ícono y se ha construido toda una industria artesanal en torno a este cantante.

Del mismo modo, en el lago Ness se ha construido toda una industria en torno a 'Nessie'. Puedes comprar modelos de 'Nessie', sombreros 'Nessie', mantas 'Nessie', rompecabezas 'Nessie' y mucho más en las tiendas de los pueblos alrededor del lago.

No es que sea algo malo, sino todo lo contrario. La industria del turismo juega un papel importante en la economía de Escocia y una gran parte de ella la ganan los visitantes del lago Ness.

Seguramente, si le preguntas a cualquier persona mayor de 20 años en cualquier parte del mundo, desde el Tíbet hasta Honolulu, si ha visto la cabeza de los monstruos del Lago Ness, entonces la respuesta sería sí.

. . .

Entonces, ¿qué podría ser lo que existe en el lago Ness? ¿Podría ser un descendiente o algún tipo de híbrido de un plesiosaurio? Bueno, quién sabe, esa podría ser una posibilidad. Sea lo que sea, no es un animal que respira aire y, en la opinión de expertos, solo sale a la superficie cuando se está alimentando, donde se ve una rotura accidental de la superficie del lago mientras se alimenta de los peces que están cerca de la superficie.

Lo que también sería bueno señalar es que la identificación errónea de objetos y animales ordinarios, ya sea a través de capas de inversión de temperatura, espejismos, etc., juega un papel 'grande' en la cantidad de avistamientos de 'Nessie' se tienen en el lago, que es un hecho innegable.

La mayoría de los turistas que llegan al lago Ness por primera vez no son conscientes de los estados de ánimo del lago y de lo rápido que puede cambiar la superficie del agua debido al viento o a la estela de un barco que ha pasado varios minutos antes, y pensarán que han visto algo extraño y, a veces (pero la mayoría de las veces no) informarán de ese avistamiento cuando no tiene nada que ver con lo que realmente está en el lago Ness.

Es la naturaleza humana desear que algo sea verdad, ya sean ovnis, el más allá o, en este caso, los monstruos del lago Ness. La humanidad tiene este deseo inherente de ver temas como este como una especie de mecanismo de escape que la aleja del mundo real y la aleja de ver la vida de una manera diferente.

Todos queremos un poco de magia en nuestras vidas, algo que nos aleje de este mundo zumbante con el aumento de los impuestos, el aumento de los precios de los alimentos y los políticos corruptos. Lamentablemente, no parece que alguna vez nos deshagamos de ellos, pero en el lago Ness tenemos un misterio, un misterio que ha estado con nosotros desde St. Columba, un misterio que nos intriga y nos desconcierta.

Si lo que hay en el lago Ness resulta ser solo un gran pez, está bien, sigamos adelante, misterio resuelto. Sí, podríamos estar decepcionados de que el sistema de creencias de encontrar algo más exótico se haya hecho añicos, pero no se trata solo de sueños y deseos, se trata de hechos fríos y duros.

A lo largo de los años, ha existido un sinfín de investigadores y testigos en el lago Ness. Desde el ex alguacil de agua y testigo de 'Nessie', quien debe decirse, comenzó toda la historia del lago Ness, Alex Campbell, hasta el tranquilo y genuino padre Gregory Brusey, quien tuvo su propio avistamiento de 'Nessie' en 1971.

Luego estuvo el bromista Frank Searle, quien, aunque estaba feliz de hablar sobre sus avistamientos en el lago Ness sin rodeos, se negó a discutir el día que vio un ovni descendiendo en picado a través del lago del cual logró obtener una foto.

Frank, como sabemos, llamó mucho la atención sobre el lago Ness, pero lamentablemente su legado duradero fue avergonzarse a sí mismo y a sus fotografías.

. . .

Era un hombre con una misión, pero lamentablemente esa misión no contenía ninguna verdad. Pero volviendo a lo que hay en el lago Ness y a los candidatos mencionados anteriormente, uno puede elegir su favorito hasta que se resuelva el misterio.

Hay ciertos peces en el lago Ness que, cuando se agrupan, pueden emitir una lectura de sonar que algunos patrones podrían pensar que es un animal grande en lugar de lo que realmente era, un banco de peces agrupados.

Mucha gente se ha preguntado por qué nunca se lavan los restos de lo que podría ser un Monstruo del Lago Ness o al menos emergen y yacen en la superficie. Bueno, lo que tenemos que tener en cuenta es que el contenido mineral, la densidad y también la temperatura constante del agua, que es constante de 42°F o 5°C, se combinan para garantizar que el lago nunca se congele.

Dicho esto, ocasionalmente se formará una capa muy delgada de hielo en las áreas menos profundas del lago.

Pero toda esta combinación de temperatura y contenido mineral asegura que ningún cuerpo salga a la superficie. Así que es cierto lo que dicen de que el lago Ness nunca abandona a sus muertos.

Los registros indican que algunas personas se ahogaron en las aguas turbias del lago Ness y sus cuerpos nunca se recuperaron. Incluso los peces muertos nunca salen a la superficie. Pero nuevamente, si 'Nessie' fuera un mamífero debido al hecho de que debe respirar aire, entonces seguramente el intenso escrutinio del lago por parte de miles de personas cada año lo habrían visto con más frecuencia, así que supongo que podemos decir con seguridad que sea lo que sea 'Nessie', no es un mamífero.

Al final del día, es posible que el lago Ness no esté listo para revelar sus secretos. El misterio y la intriga que es el lago Ness nunca se desvanecerán. Su poder para atraer a personas de todo el mundo a sus costas nunca se desvanecerá y es posible decir que seguirá atrayendo turistas e ingresos a esta parte de Escocia durante muchos años más.

Conclusión

Toda esta información de seguro hace preguntarte si sabes qué diablos se está viendo en estos lagos escoceses. ¿La gente realmente es testigo de algún tipo de "retroceso" a la Escocia prehistórica, algo que había logrado existir desde aquellos tiempos lejanos, o la gente está cometiendo errores genuinos sobre los animales genuinos que viven en el lago?

Ahora cuentas con los hechos, las historias, los informes para tomar tus propias decisiones. Seguramente tú también tendrás tus propias ideas sobre lo que hay en el lago. Espero que este libro te haya ayudado en tu búsqueda de aprender más.

Conclusión

Es posible que en este punto aún te encuentres indeciso sobre lo que hay en el lago Ness, pero espero que los casos presentados en este libro te den algo en qué pensar y espero que tu propio viaje personal al enigma del lago Ness resulte tan gratificante como lo ha sido para mí y muchas otras personas que han investigado este fenómeno.

Indudablemente, algo existe en el lago Ness, y hay mucho que nosotros aún no conocemos. Estos enigmas son la oportunidad perfecta para avanzar en nuestro conocimiento científico, retar aquello que creemos saber y entender que es posible que sepamos mucho menos de lo que nos gustaría admitir.

Si bien puede suceder que hayamos vivido pensando en una criatura que en realidad no existe, la investigación en el lago Ness ha creado una fuente de información biológica importante, además de un gran folklore y bagaje cultural que sin duda ha cimentado grandes oportunidades turísticas para la región.

Tal vez nunca sabremos qué existe en las profundidades del lago Ness, pero sin duda se han descubierto cosas maravillosas.

Conclusión

Tal vez, no tenemos que resolver este misterio. Tal vez simplemente dejándolo ser es suficiente para albergar un poco de esperanza que nos sostenga en los días difíciles.

www.ingramcontent.com/pod-product-compliance
Lightning Source LLC
LaVergne TN
LVHW012058070526
838200LV00070BA/2792